역오리
쓰는 선비
술 받는 사대부

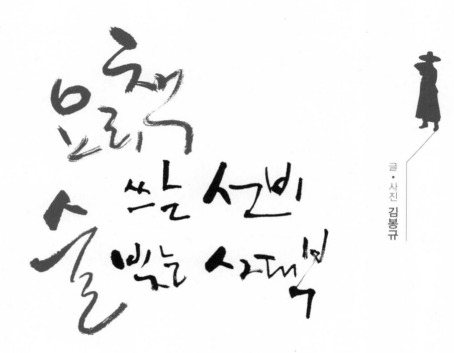

오래 쓰는 선비
술 빚는 사대부

글·사진
김봉규

담앤북스

안동 하회마을과 경주 양동마을이 2010년 8월에 세계문화유산으로 등재됐다. 시골의 소박한 농촌 마을이 이처럼 인류를 위해 보호해야 할 세계적 문화유산이 될 수 있었던 것은 그 마을의 유·무형의 전통문화를 오랜 세월 동안 잘 지켜 온 종가들 덕분이었다. 종가 문화의 힘을 새삼 확인시켜 주는 일이다.

오랜 전통의 이런 종가에는 다양한 문화가 전승되어 왔다. 당대의 수준 높은 가치관과 지혜가 누적되며 녹아 든 그 문화는 시대를 초월하며, 이 시대 사람들에게도 필요한 소중한 가르침들을 담고 있다.

종가의 대표적 문화인 봉제사접빈객奉祭祀接賓客 때 사용한 술과 음식을 중심으로 한 음식 문화 역시 소중한 유산이다. 여기에는 패스트푸드와 상업적 음식이 지배하는 이 시대를 살고 있는 우리가 본받아야 할 지혜와 정신이 스며 있다.

종가에는 그 종가에만 전해 내려오는 고유의 음식과 술들이 있다. 그런 음식과 술에는 종가를 탄생시키고 부흥시킨 선조들의 삶과 관련된 일화가 담겨 있어 흥미를 더한다. 물론 그 음식에는 종가의 특수한 환경과 관련해 형성된, 고유의 색깔과 특징이 있기 마련이다.

우리나라 음식 문화의 보고, 종가 음식

이런 종가 음식은 우리나라 음식 문화의 보고라 할 수 있다. 하지만 이런 소중한 종가의 음식들도 급속한 생활환경 변화와 지나친 편리 추구 등으로 인해 그 전통이 단절되면서 사라지는 경우가 적지 않다. 음식 문화를 이어 오던 종부들이 대부분 별세하거나 너무 연로해 전통 음식을 만들 수 없는데도, 후계자는 나타나지 않는 상황이기 때문이다.

이런 현실 속에서도 지금까지 비교적 잘 전승되고 있거나 사라질 위기에 처한 종가 음식 이야기를 취재하기 위해 2014년 6월부터 2016년 2월까지, 2년 동안 전국의 종가를 찾아다녔다. 이 책은 〈영남일보〉에 격주 연재된 내용을 바탕으로 수정·보완한 것이다.

종가에 전해 내려 온 음식 및 술의 유래와 역사, 거기에 담긴 사연이나 일화 등을 중심으로 술과 음식을 만드는 법, 현재의 전승 현황 등도 소개한다. 오랫동안 전해 내려온 종가 음식의 유래나 사연을 살펴보면 조상이 평소 즐겼던 음식, 궁궐에서 하사한 음식과 술, 왕가에서 시집 온 며느리가 전수한 음식, 빈민 구휼을 위해 만든 음식, 종가 주변의 특산물을 활용한 음식, 조상의 정신이 담긴 음식 등 다양하다. 이런 이야기와 함께 종가의 시조나 선조의 음식 및 건강과 관련한 재미있는 이야기도 곁들인다. 전국 각 지역 종가에서 전해 오고 있는 오랜 전통의 술과 음식 이야기를 통해 흥미로운 사연이 주는 재미와 더불어, 이 시대 우리들의 음식 문화와 삶을 보다 윤택하게 하는 데 도움이 되길 기대한다.

종부들이 연로하거나 아픈 경우가 적지 않은 데다(책 속 나이는 2016년 기준), 매일 해 먹는 음식이 아니기 때문에 취재와 촬영이 쉽지 않았다. 하지만 음식을 장만하지 못하는 경우, 음식 사진은 전문가들의 촬영본을 구할 수 있었고, 이전에 다른 주제로 종가를 취재한 인연으로 필요한 취재는 진행할 수 있었다. 다행으로 생각한다. 취재에 응해 주신 분들에게 이 책을 빌려 다시 한 번 감사드린다.

2016년

담연澹然 김봉규

I. 먹치레

먹치레

01

선비, 셰프가 되다

안동 계암종가
삼색어아탕

지금은 남자 요리사가 낯설지 않지만, 얼마 전까지만 해도 요리는 여성의 전문 영역으로 간주되었다. 남자는 아예 부엌을 드나들지도 못하게 하는 가정도 많았다. 남존여비 시대였던 조선시대에는 더했을 것이다.

하지만 어떤 문화가 지배하던 시대라도 당대의 모든 사람들이 그런 문화의 지배를 받는 것은 아니다. 음식 문화에서도 마찬가지다. 조선시대 조리서로 어의御醫 전순의가 지은 《산가요록》山家要錄, 김유의 《수운잡방》需雲雜方, 허균의 《도문대작》屠門大嚼, 장계향의 《음식디미방》飲食知味方, 빙허각 이씨의 《규합총서》閨閣叢書, 상주 반가 부인의

《시의전서》是議全書 등이 있는데 이 중 절반이 남자가 저자다.

《수운잡방》의 저자는 안동 광산 김씨 가문의 탁청정濯淸亭 김유(1491~1555)와 그 손자인 계암溪巖 김령(1577~1641)이다. 할아버지와 손자가 음식에 관심을 갖고 한문으로 된 조리서를 남긴 것은 매우 이례적인 일이다.

할아버지와 손자가 쓴 요리책

여기서 수운需雲이란 《역경》易經에 등장하는 "구름 위 하늘나라에서는 먹고 마시며 잔치와 풍류로 군자를 대접한다"雲上于天需君子以飲食宴樂는 구절에서 인용한 것이다. 잡방雜方이란 갖가지 방법을 뜻한다. 다시 말해, 수운잡방은 '먹고 마시며 잔치와 풍류로 군자를 대접하는 갖가지 방법'이라 볼 수 있다.

《수운잡방》의 저자는 글자체 및 필체로 볼 때 2인의 저술이고, 시차를 두고 완성된 것임을 알 수 있다. 1책 2권으로 된 한문 필사본으로 상편은 할아버지인 김유가 쓰고 하편은 손자인 김령이 썼다. 표지에는 "수운잡방"需雲雜方이라 적혀 있으며, 속표지에는 "탁청공유묵"濯淸公遺墨, "계암선조유묵"溪巖先祖遺墨이라고 적혀 있다. 서문과 목차는 따로 없다.

내용은 총 121개 항으로 이루어져 있는데, 상편(1~86항)과 하편(87~121항)으로 나눌 수 있다. 상편에는 술 만드는 법 41항, 국수 만드는 법 1항, 식초 만드는 법 5항, 김치 담그는 법 14항, 장 담는 법

삼색어아랑

《수운잡방》의 표지(왼쪽)와
첫 장.

7항, 메주 담는 법 2항, 과자 만드는 법 1항, 씨에 대한 것 5항, 기타
조리법 7항 등이 담겨 있다. 하편에는 술 만드는 법 18항, 국수 만드
는 법 1항, 김치 담그는 법 3항, 과자 만드는 법 2항 그리고 기타 조
리법 11항이 있다.

양반 가문에서 일상적으로 활용하던 조리법을 비롯해 다양한 조
리법이 담겨 있어, 당시 안동을 중심으로 한 주변 지역의 식생활 형
태를 알 수 있는 귀중한 자료이다.《수운잡방》은 계암종가에서 소장
해 오다 최근 한국국학진흥원에 기탁됐다.

왕의 밥상에 오르던 고급 진미, 삼색어아탕

계암종가는《수운잡방》에 나오는 음식과 술을 되살려 널리 알리
고 맛보게 함으로써 전통 반가 음식의 우수성과 가치를 알리기 위
해 애쓰고 있다. 2009년에 설립한 수운잡방음식연구원이 그 중심이

다. 계암종가 김원동 차종손(다음 세대 종손)이 이사장을 맡고 있다.

이곳에서 그간 30여 가지의 음식과 술을 재현했는데, 삼색어아탕三色魚兒湯은 그중 하나로, 고급 요리에 속한다. 고급 반가 음식이었을 삼색어아탕은 재료부터가 귀한 것들이다. 진상품이었던 은어나 숭어, 대하가 주원료다.

은어나 숭어는 비늘과 껍질 등을 제거하고 포를 뜬 뒤 녹두가루를 입혀 끓는 물에 삶은 후 다져 둔다. 다진 살에 녹두가루, 흰 파, 된장, 후추 등을 넣어 새알 같은 완자를 만든다. 대하는 껍질을 벗겨 두 쪽으로 편을 뜬다. 그리고 삼색(적 · 황 · 록)으로 만든 녹두묵은 막대 모양으로 썬다. 은어를 삶아 건진 물에 집간장으로 간을 한 후 탕을 만든다. 완자와 녹두묵, 대하에 이 탕을 부어 삼색어아탕을 완성한다.

수운잡방음식연구원에서 재현한
《수운잡방》의 삼색어아탕.
© 수운잡방음식연구원

마시면 백발이 검어진다는 오정주

수운잡방음식연구원에서 재현해 일반인에게 맛보게 하는 술로는 오정주五精酒가 있다. 맛이 아주 좋다. 황정, 천문동, 백출, 구기자 등 한약재와 솔잎을 재료로 쓴다.

담그는 법은 다음과 같다. 우선 이런 재료에 물을 일정량 부은 뒤 그 양이 3분의 1로 줄어들 때까지 졸인 다음, 멥쌀을 깨끗하게 씻어 곱게 가루를 내어 죽을 쑨 후 차게 식혀 누룩과 밀가루를 섞어 항아리에 담근다.

이 밑술을 담근 후 3일 지난 뒤, 덧술을 담근다. 멥쌀을 여러 번 씻어 하룻밤 물에 담가 두었다가 고두밥(지에밥)을 쪄 식힌 후 밑술과 섞어 항아리에 넣는다. 얼마 후 잘 익으면 떠서 쓴다.

《수운잡방》에는 이 오정주에 대해 "만병을 다스리고, 허한 것을 보호하며, 무병장수하고, 백발도 검게 되며, 빠진 이가 다시 난다"고 적고 있다.

김유의 정자, 탁청정.

오정주 술상.
© 수운잡방음식연구원

"인생은 태어나 즐거워하는 것이 무엇이냐에 달렸을 뿐"

김유

　김유는 성리학을 공부한 선비였지만, 그의 성품과 관심 분야는 남달랐다. 거의 남아 있지 않은 그에 대한 짧은 기록을 살펴보면, 그는 음식과 술에 관심이 많았으며 음식과 술을 선비들과 함께 나누는 삶을 즐겼던 것 같다. 그가 《수운잡방》을 쓴 것도 일면 수긍이 간다.

　안동에서 태어난 김유는 1525년 생원시에 합격한 후 무예에 정통해 무과에 응시했으나 뜻을 이루지 못하고, 마침내 과거 시험을 더 이상 보지 않기로 결심한다. "사람의 인생은 세상에 태어나 즐거워하는 것이 무엇이냐에 달렸을 뿐이다. 어찌 꼭 세상의 명예를 따라야 하겠는가?"라고 말하면서 벼슬길을 단념하고 고향에서 평생 독서하며 유유자적한 생활을 하였다.

　호협豪俠한 성품의 그는 빈객을 좋아해 정자를 수리·확장하고 많은 손님을 맞아 즐겼다. 선비들이 이 고을을 지나면 반드시 찾아와서 즐겼고, 비록 가난한 사람이라도 친절히 대접하고 옳지 못한 사람을 보면 준엄하게 꾸짖었다.

퇴계 이황이 지은 묘비명에서도 그의 삶이 잘 드러난다.

아! 공은 어릴 때부터 자질이 뛰어났네

이미 시와 서를 익혔고 또한 육도삼략六韜三略도 배웠도다

문文에는 소과에 합격하였으나 무武는 뜻을 이루지 못하였네

시골에서 그대로 늙으니 남들이 애석히 여겼네

출세에 뜻은 못 폈으나 일신은 자족하여

좋은 곳 오천烏川에 밭도 있고 집도 있네

주방에는 진미가 쌓여 있고, 독에는 술이 항상 넘치도다

제사하며 봉양하고 잔치로써 즐겼네

생전에 즐거운 일은 자리 위의 아름다운 손님이요,

하늘에서 내린 자손은 뜰 앞의 난옥蘭玉일세

용감한 무신武臣이여 아름다운 문사文士로다

불어나는 좋은 경사 고문高門에 걸렸네

어쩌다가 대단찮은 병세로 갑자기 돌아가니

금할 수 없는 것은 슬픔이요, 남은 것은 복이로다

아름답다 현부인賢婦人을 동광同壙하라 유언했네

무덤 앞에 돌 새기니 천추를 지내어도 다함이 없으리

02

조선의 공주, 종가 며느리가 되다

유교 사회인 조선시대에 대부분 형성된 종가 문화는 봉제사(제사를 지내며 조상 기리는 일)와 접빈객(손님을 접대하는 일)에 뿌리를 두고 있다. 이 봉제사와 접빈객에서 실질적으로 가장 중요했던 것은 정성을 다해 마련하는 술과 음식이다. 그리고 제사 중에는 종가의 시조를 기리는 제사가 핵심이다. 종가의 시조는 보통 불천위(不遷位: 학덕이나 공적 등이 훌륭해 국가나 유림에서 4대 봉사[奉祀] 후에도 신위를 없애지 않고 영원히 제사를 지내며 기리도록 한 인물의 신위)에 오른 인물이다. 이런 불천위 제사는 다른 제사와 달리 후손들에 의해 수백 년이 지난 지금까지 계속되고 있다. 덕분에 수백 년 전의 음식들도 그대로 전해 올 수 있었다.

이런 종가의 시조 제사상에 올리는 제수(제사 음식) 중 가장 중요한 것이 편(떡)과 도적(都炙: 물고기, 소고기, 닭고기 등을 날고기 상태로 쌓아 올리는 제수)이다. 제수 중에서도 각별히 정성을 들이고 신경을 써서 장만한다.

봉화의 충재종가는 조선 전기 문신인 충재 권벌(1478~1548)을 시조로 하는 가문이다. 충재는 기묘사화와 을사사화를 몸소 체험한 변혁의 시대를 살면서도 평생 성리학적 이상 실현이라는 시대정신을 추구한 인물이다. 유배지에서 생을 마감했지만, 어떤 상황에서도 지조를 굽히지 않으며 '행동하는 지식인'의 표상을 보였던 그는 사후에 정당한 평가를 받게 되고 불천위(不遷位: 4대 봉제사가 끝난 후에도 계속 제사를 지내며 기리고 있는 인물의 신위)에도 오른, 영남의 대표적 선비였다.

봉화 닭실마을에 종택이 있는 충재종가는 500년 가까이 충재의 가르침과 학덕을 받들며 고유의 종가 문화를 지켜 오고 있다. 종택은 충재가 생전에 정자인 청암정과 함께 창건했다. 이 충재종가의 불천위 제사(음력 3월) 음식 중 다른 종가에서는 유례를 찾아볼 수 없는 것이 있다. 바로 절편을 동곳 모양으로 빚어 쌓아 올려 만드는 동곳떡이다.

화합과 조화의 아름다운 떡

이 동곳떡은 460여 년간 충재 제사상에 변하지 않고 오르고 있는데, 보통 제사상에 올리는 시루떡과는 만드는 방법도 다르고 모양도 특이해서 눈길을 끈다. 또한 가문의 화합을 지켜주는 '화합과 조화의 떡'이기도 하다. 동곳떡은 지금도 종택을 중심으로 닭실마을에 집성촌을 이뤄 살고 있는 충재종가 후손들이 함께 모여 만들면서 가문의 화합을 다지게 하는 매개 역할을 하고 있다.

제사상에 오르는 편은 본편과 그 위에 얹는 웃기떡으로 구성이 되는데, '동곳떡'은 본편의 모양에서 그 이름이 유래한다. 본편은 절편을 잘게 나눠 동곳(상투를 튼 후에 상투가 풀어지지 않도록 고정시키기 위해 꽂는 장식) 모양으로 빚은 다음, 둥근 모양으로 하나씩 쌓아 올린다. 높이는 25켜(충재 제사), 23켜(충재 부인 제사)를 쌓았으나 요즘은 음복할 제관이 줄어들어 19켜와 17켜 정도 쌓는다. 이 위에 웃기떡을 쌓아 올려 마무리한다.

충재종가의 안살림을 맡고 있는 권재정 차종부(다음 세대 종부)는 처음 시집와서 이 동곳떡을 보고 너무 아름다워 감탄했다고 한다. 쌓은 모양과 웃기떡의 색깔 등이 조화를 이룬 아름다운 모습을 보며 '예술이다!' 하는 생각이 들었다는 것이다.

동곳떡을 만드는 데는 최소한 여덟 명의 손길이 필요하다. 쌀가루를 반죽해 잔절편으로 만든 뒤 다시 동곳 모양으로 만들고, 그것을 쌓는 과정에 적어도 여덟 명의 손길이 필요하다는 것이다. 그것도 각기 노하우가 있는 손길이어야 한다. 높이 쌓기 때문에 반죽이 적

© 서헌강

(왼쪽부터 시계 방향으로)
동곳 모양 절편을 만드는 모습과
쌓아 올리는 과정.

y

23

동곳떡

당해야 하고, 쌓는 데도 노하우가 필요하다. 현재 동곳떡을 쌓는 일은 그 노하우를 전수받은 권재정 차종부가 담당하고 있다. 재료와 웃기떡을 준비해 놓고 동곳 모양을 만들면서 떡을 쌓는 데만 4시간 이상 걸린다고 한다.

동곳 모양의 절편을 다 쌓고 나면 그 위에 11가지 웃기떡을 한 켜씩 쌓아 올려 제사상에 올릴 편을 완성한다. 쑥을 넣은 청절편, 송기를 사용한 송기송편, 콩가루 경단, 콩고물을 넣은 밀비지, 흑임자 경단 등이 웃기떡으로 오른다.

오색한과도 동곳떡과 함께 460여 년 동안 충재 제사상에 오르고 있다고 한다. 오색한과 역시 여러 사람의 손이 필요하고 공이 많이 드는 음식이다. 찹쌀을 주재료로 하여 검은깨, 흰깨, 치자, 자하초 등을 이용해 보기 좋고 맛있는 오색한과를 만든다.

권재정 차종부는 "동곳떡은 혼자서는 만들 수가 없고 여러 사람의 손길과 마음을 모아 조화를 이루지 못하면 장만할 수 없는 제수"라고 설명했다. 이런 동곳떡을 만드는 시간은 마을 친척들이 모두 모여 오랜만에 서로 이야기를 나누며 정을 주고받는 기회가 되기도 한다.

차종부는 "동곳떡은 후손들이 서로 화합하고 조화를 이뤄 화목하게 살아가며 가문을 지켜 가도록 하고 있어 '화합과 조화의 떡'이라고 생각한다"고 말했다.

차종손인 권용철 씨(40)도 덧붙였다.

"동곳떡의 본편은 한 조상을 의미하며, 웃기떡 11가지는 다양한 성향을 지닐 수 있는 여러 후손들을 나타낸다고 할 수 있는데, 가문의 후손들 모두가 동곳떡처럼 잘 어우러져 아름다운 조화를 이루며 살아가라는 의미로 해석하고 있습니다."

최초로 동곳떡을 만든 사람은 조선의 공주다

동곳떡의 유래에 대해서는 근래 잘못된 소문이 돌았다.

충재종가의 어느 종부가 제사상에 올릴 시루떡을 찌는데 무엇이 맞지를 않았는지 제사 시간이 될 때까지도 떡이 제대로 익지 않은 일이 발생했다는 것이다. 그러자 죄책감을 못 이긴 종부는 목을 매 자살하게 되고, 그 이후로는 충재 제사에 시루떡을 올리지 않고 동곳떡으로 바꿨다는 이야기다.

하지만 이 이야기는 너무나 독특한 동곳떡을 놓고 누군가가 종가에 있을 수 있는, 또는 다른 종가에 있었던 일을 가지고 추측해 만들었을 것이라는 것이 차종손의 설명이다. 그리고 이런 소문을 종가의 확인도 거치지 않고 책자 등에 실으면서 소문이 사실인 양 퍼지게 됐다는 것이다.

차종손은 만약 그런 일이 있었다면 족보에 어느 종부가 충재 선생의 제삿날이나 그다음 날에 별세한 사실이 기록돼 있을 것인데, 그런 조상은 없다는 것이다. 따라서 사실이 아닌 뜬소문에 불과하다고 했다.

동곳떡의 유래에 대해서는 근거가 되는 기록은 없지만, 궁중 음식과 관련이 있는 것으로 충재종가는 보고 있다. 충재의 손자 배필로

충재종택 사당 전경. 왼쪽이 충재 권벌의 불천위 신위를 봉안하고 있는 사당이고,
오른쪽 건물은 불천위 제사를 모시는 공간인 제청이다.
500년 가까이 충재종가의 음식 문화를 지켜 온 힘의 산실이다.

공주가 시집을 왔는데, 그 공주 며느리가 제사 음식을 마련하면서 궁중에서 배운 솜씨를 발휘해 민가에서는 볼 수 없는 편을 만들어 올리면서 비롯한 것으로 추정하고 있다.

차종부가 들려주는 배려 음식, 제사 음식

권재정 차종부는 불천위 제사 음식을 보면 제사에 참석하는 사람을 각별히 배려하고 있음을 깨닫는다고 말했다. 제수 중 특히 녹두로 만드는 청포묵을 그 예로 들었다. 녹두는 해독 작용으로 피로를 풀어 주는 효과가 탁월한 음식으로, 교통편이 여의치 않던 옛날에 먼 곳에서 고생하며 온 제관들의 피로를 최대한 풀어 주려고 장만한 '배려 음식'이라고 설명했다.

차종부는 또한 오랫동안 종부들의 손을 거치며 보존해 온 제사 음식들을 언제까지 계속 장만해 올릴 수 있을지가 큰 걱정거리라고 들려줬다. 연로한 노인들만 남아 있고, 노하우를 전수할 젊은 후손들이 살고 있지 않은 현실이 원인이다.

한편 차종부는 2014년 충재 불천위 제사 때 시아버지로부터 들은 내용을 토대로, 종가에 빚어 오다 한동안 단절됐던 가양주家釀酒를 처음 빚어 보았는데 매우 성공적이었다고 했다. 알코올 도수 16도 정도 되는 청주 일곱 되를 얻었는데, 맛이 좋아 제삿날 제관들이 동을 비울 정도였다는 것이다. 차종부는 앞으로 제주는 가양주를 빚어 쓸 것이라고 했다.

동곳떡

03

제사상에 올리는 달달한 디저트

안동 서애종가

중개

안동시 풍천면 하회마을에 종택이 있는 서애종가는 서애西厓 류성룡(1542~1607)을 시조로 하는 종가다. 류성룡은 임진왜란 당시 좌의정, 영의정 자리에 있으면서 탁월한 역량을 발휘해 전쟁을 극복한 조선의 명재상이자 대학자이다.

서애종택은 충효당忠孝堂이라 불린다. 서애종택의 사랑채 이름이 충효당인데, 그 당호堂號가 종택 전체를 지칭하는 이름으로도 불리는 것이다. 충효당 옆에는 류성룡의 부친(류중영)과 형님(류운룡)의 가문인 풍산 류씨 대종가 종택이 자리하고 있다. 양진당養眞堂 또는 입암고택立巖古宅으로도 불리는 종택이다.

충효당은 류성룡이 지은 집은 아니다. 청백리였던 류성룡이 당쟁으로 삭탈관직 당한 후 1599년 2월 고향 하회로 내려왔을 때는 마땅한 거처도 마련되지 않았고, 타고 다닐 나귀조차 없었다. 하회마을의 옥연정과 연좌루 등에서 임진왜란 회고록인 《징비록》을 집필해, 1604년에 마무리한 류성룡은 하회마을 근처 풍산 서미동에 농환재弄丸齋라는 초가를 지어 살다가 별세했다.

충효당은 류성룡의 별세 후 후손과 문하생들이 그의 유덕을 기리기 위해 건립했다. 류성룡의 손자 졸재拙齋 류원지(1598~1674)가 유림과 제자들의 도움을 받아 먼저 안채를 지었고, 류성룡의 증손인 눌재訥齋 류의하(1616~1698)가 사랑채를 완성했다. 사랑채 당호는 충효당으로 정했다. 당호를 충효당忠孝堂이라 한 것은 류성룡이 평소에 자손들에게 나라에 충성하고 부모에 효도할 것을 강조했기에 이를 받들어 지은 것이다. 류성룡은 임종할 무렵 자손들에게 남긴 시에서도 충효를 각별히 당부했다. 그 시다.

숲 속의 새 한 마리는 쉬지 않고 우는데 林間一鳥啼不息
문 밖에는 나무 베는 소리가 정정하게 들리누나 門外丁丁聞伐木
한 기운이 모였다 흩어지는 것도 우연이기에 一氣聚散亦偶然
평생 동안 부끄러운 일 많은 것이 한스러울 뿐 只恨平生多愧怍
권하노니 자손들아 꼭 삼가라 勉爾子孫須愼旃
충효 이외의 다른 사업은 없는 것이니라 忠孝之外無事業

충효당 사랑채에는 미수 허목의 독특한 전서체 글씨로 된 충효당

29

중개가 진설된 서애 류성룡의 불천위 제사상. 수박의 오른쪽이 중개이다.

중개는 400여 년 동안 변하지 않고 서애 불천위 제사상에 오르고 있다.

忠孝堂 편액이 걸려 있어 눈길을 끈다. 원본은 한국국학진흥원에 있고, 지금 걸려 있는 편액은 복제품이다. 충효당 건물은 1954년 보물 제414호로 지정됐다.

서애종가는 서애 류성룡의 불천위 제사(음력 5월 6일)를 400여 년 동안 지내고 있는데, 이 제사상에 변하지 않고 오르고 있는 특별한 제수(제사 음식)가 있다. 다른 종가 제사에서는 볼 수 없는 중개仲介라는 약과 종류로, 류성룡이 생전에 즐겼던 음식이라고 한다.

막걸리를 넣은 약과의 맛

2014년 6월 2일 오후, 서애 류성룡 불천위 제사 준비로 바쁜 충효당을 찾았다. 안채 대청에서는 종부와 차종부 등이 제사상에 오를 편을 쌓는 작업을 하고 있었다. 바쁜 가운데 잠시 틈을 낸 여든여덟의 최소희 종부와 차종손인 류창해 부부에게 중개를 비롯한 서애종가 음식에 대해 이야기를 들었다.

중개는 류성룡이 생전에 좋아했던 음식이었다고 한다. 벼슬을 하며 서울에 머물 때 궁중을 드나들며 임금이 내린 음식 중 중개를 특히 좋아했던 것 같다. 선조 임금은 그래서 류성룡의 별세 후, 제사 때 중개를 제수로 올리라고 특별히 언급을 했다고 한다. 또한 강릉부에서는 류성룡의 장례 때 쓰라고 중개 77개를 보내 왔다는 기록이 있다고 한다.

중개는 이처럼 류성룡이 생전에 좋아했고, 그래서 그의 제사상에도 오르게 되면서 400여 년 동안 이어져 오고 있는 특별한 제사 음식이 되었다. 서애종가의 다른 조상의 제사 때는 쓰지 않는다.

그 재료나 형태도 크게 변한 게 없을 것이다. 약과(유밀과)의 일종이다.

중개는 밀가루와 막걸리, 꿀(설탕), 소금 등을 재료로 해 반죽한 후 0.5밀리 정도 두께로 민 다음 직사각형으로 썬다. 한 개 크기는 가로 14센티, 세로 4센티 정도. 그런 다음 기름에 지져 내 완성한다.

중개가 다 완성되면 중개 전용 제기 위에 중개 80개를 20단으로 쌓아 올린 다음, 이 80개 중개보다 약간 더 큰 중개 2개를 덮어 마무리한 뒤 제사상에 올린다. 이 중개는 제수 중에서도 중요한 제수로 여겨 제사상의 중앙에 진설한다.

중개의 원조, 중박계

서애종가는 중개가 궁중 음식에서 유래되었다고 본다. 그 궁중 음식이 중박계中博桂인데, 서애종가에서는 '중개'라는 이름으로 불려 온 것 같다는 설명이다.

유밀과 중 하나인 박계류는 밀가루에 참기름과 꿀을 넣고 반죽하여 직사각형으로 큼직하게 썰어 기름에 지진 한과로, 고배상(高杯床: 과일, 과자, 떡 같은 음식을 그릇에 높이 올려서 쌓은 상)에 많이 사용된 것으로 알려져 있다. '중배끼'로도 불렸는데, 잔칫상이 아니라 제향 음식으로 주로 쓰였다. 큰 것을 '대박계', 중간 크기의 것을 '중박계'라고 했다.

중박계는 인조 때 인목대비의 장수를 위해 연 잔치를 기록한《풍
정도감의궤》의 진풍정進豐呈 등 궁중의 잔치 기록에 등장하며 국가
와 왕실, 왕과 신하의 관계 등을 규정하는 제도를 도식으로 엮은 책
인《국조오례의》에 기록된 진전眞殿의 찬실도(饌實圖: 제사 음식 차리는
방법을 그린 그림)에도 등장하고 있다. 중박계는 두툼해서 속까지 다
익히기 어려워, 잔치가 끝난 후에 사람들이 다시 익혀 나눠 먹었다
고 한다.

중박계는 반죽 재료로 밀가루, 꿀, 기름을 주로 사용하는데,《음식
디미방》에는 밀가루 대신에 쌀가루가 사용되고 있으며,《역주방문》
歷酒方文에는 반죽에 술을 사용했다는 기록이 있다.

술은 가양주, 안주는 초만두

중개 외에 서애종가의 내림음식으로는, 설날에 장만해 제사 음식
으로도 쓰고 가족, 친지들이 함께 나눠 먹는 초만두가 있다. 만두피
를 따로 만들어 속을 넣는 방식이 아니라, 메밀가루 반죽에 속 재료
를 함께 뭉쳐 만든다. 돼지고기와 소고기, 두부, 무, 소금 등을 사용
한다.

식초에 찍어 먹어서 초만두라고 부른다는데, 간식이나 술안주로
제격이라고 한다. 류창해 차종손은 "어릴 때는 초만두가 별로 맛이
없어서 잘 먹지 않았는데 지금은 맛이 좋아 즐겨 먹는다"라고 했다.

중개

서애종가에서 겨울철 별미로 해 먹던 초만두.

설날에 특별히 해 먹는 겨울철 별미인 셈이다.

차종손은 이와 같이 설명했다.

"종가 음식이 잘 전해 오려면 종가의 경제력이 계속 유지돼야 하는데 오랜 세월 동안 충분한 경제력을 유지하기란 쉽지 않습니다. 그런데 중개나 초만두는 모두 재료도 구하기가 쉬운 데다 비교적 서민적인 음식이어서 지금까지 이어져 올 수 있었을 겁니다."

한편 서애종가는 여러 가지 생활환경 변화로 가양주를 제주로 사용해 온 전통이 단절된 다른 종가와는 달리, 계속 가양주를 담가 제주로 사용해 오고 있다. 특히 경주 최씨 가문의 후손인 최소희 종부의 술 빚는 솜씨가 뛰어나 서애종가의 제주를 한 번 맛본 사람은 누구나 그 맛을 잊지 못한다고 한다.

중개

양심으로 양생하라

류성룡

    서애 류성룡의 건강법에 대한 생각을 엿볼 수 있는 글인 〈양생계〉 養生戒 일부를 소개한다.

    창자와 밥통은 오미五味에 지져지고, 정신과 기력은 육진(六塵: 여섯 가지 욕정)으로 어둡고 흐리멍덩해져서, 더럽고 혼탁한 기운은 마음속에 가득하고, 청명하고 순결한 성품은 타고난 성질을 잃게 되어 젊을 때 죽는 일을 초래하기도 한다. 어찌 슬픈 일이 아니겠는가.

    나는 타고난 기력이 매우 허약하여 질병에 자주 걸렸으며, 타고난 체질이 지극히 허약하여 추위와 더위에 쉽사리 해를 입게 되니, 참으로 몸과 마음을 휴양하여 건강을 보전하고 활력을 기르는 일을 지극하게 하고, 몸의 조리와 보호를 심절深切하게 하며, 음식을 적게 먹어 몸의 오장을 화평하게 하고, 탐하고 좋아하는 마음을 줄여서 그 참된 기력을 배양하지 않으면 안 된다. 그렇지 않으면 그 걱정이 헤아릴 수 없을 정도로 많게 될 것이 분명하다.

옛날에 혜군(惠君: 전국시대의 양혜왕)은 포정에게 물어서 양생하는 방법을 알게 되었으며, 소동파는 오복고吳復古를 만나 보고서 화평하고 안정하는 묘법을 통달했다. 나는 이런 일을 따르려고 하는 것은 아니고, 다만 양심(養心: 마음을 잘 다스려 건강하게 함)하는 것으로써 양생하고자 할 따름이다. 맹자가 말하기를 '양심은 욕심을 적게 가지는 것보다 나은 것이 없다'養心莫善於寡欲라고 했다. 아아, 더할 수 없이 극진한 말이다.

또한 류성룡의 '김창원에게 보낸 편지'答金昌遠에는 음주에 대한 생각이 잘 나타나 있다.

예전에 《논어》를 읽으면서 '비록 술을 한없이 마셨으나'라는 말에 처음에는 몹시 놀랐으나, '난잡한 지경에 이르도록 술에 취하지는 않았다'不及亂라는 세 글자가 뒤를 이어받고 있었습니다. 이것이 곧 중류지주(中流砥柱: 곤란을 당해도 절의를 지켜 급히지 않음)인 것입니다. 그렇다면 술이 아름답지 않은 것이 아니라 그 속에 빠져서 되돌아올 줄 모르는 것을 경계해야 함을 말한 것입니다. 요컨대 흡족할 정도로만 마셔야 하며, 의지와 기개가 어지럽게 되어서는 안 되는 것입니다.

음식이든 술이든 예나 지금이나 적당히 먹고 마시는 것이 중요하고, 그러기 위해서는 마음을 다스려 절제할 줄 아는 힘을 기르는 일이 관건임을 새삼 확인하게 하는 내용이다.

04

500년 숲에서 채취하는 달콤쌉쌀한 맛

비자강정

해남 윤씨종가

고산孤山 윤선도(1587~1671)의 숨결이 스며들어 있는 해남의 녹우당綠雨堂. 해남의 대표적 문화 유적이기도 한 녹우당은 안채와 사랑채, 사당 등을 포함한 해남 윤씨(어초은파) 종택 건물 전체를 이르는 이름으로도 사용되지만, 원래는 사랑채에 붙여진 이름이다.

종택 건물 중 사랑채인 '녹우당'은 겹처마 양식의 차양遮陽이 눈길을 끄는데, 원래 이 건물은 윤선도에게 세자 시절 가르침을 받았던 효종이 나중에 스승 윤선도를 늘 곁에 두고 싶어 수원에 지어 준 집이다. 윤선도는 효종이 승하한 뒤 모함에 빠져 낙향하게 되는데, 효종과의 정을 생각하며 이 집을 뱃길로 해남까지 옮겨 온 것이다. 현종 9년(1668년), 윤선도가 82세 되던 해의 일이다.

초록비가 내리는 집, 녹우당

　녹우당의 '녹우'綠雨는 고택 뒷산의 푸른 비자나무 숲에 바람이 불어 와 잎들이 서로 스치며 내는 소리가 마치 빗소리처럼 들린다고 해서 붙여진 이름이라 한다. 이 당호는 나중에 정해졌다. 옥동玉洞 이서(1662~1723)가 녹우당이라는 이름을 짓고, 편액 글씨도 직접 썼다. 이서는 당대 최고 명필로, 동국진체를 만들어 낸 장본인이다. 이서는 윤선도의 증손자 윤두서와 절친한 사이였다. 윤두서는 윤선도와 더불어 해남 윤씨 가문의 대표적 인물로, 녹우당에서 태어나 자라고 생을 마감했다. 그는 이서의 동생인 성호 이익과도 벗으로 지냈다. 이서가 녹우당의 당호를 짓고 글씨를 써 준 것도 그래서다.

　윤선도는 해남 윤씨 종택에서 태어난 것은 아니다. 그는 서울에서 태어나 자라다가 8세 때 가문의 종손인 큰아버지 윤유기의 양자로 입양돼 해남으로 왔다. 그는 《소학》을 보고 감명 받아 평생의 가르침으로 삼았고, 과거에 합격했으나 관직에 나아가지 않았다. 인조반정 후에도 관직을 사양하고 학문에 전념했으며, 우암 송시열과 함께 봉림대군 효종과 인평대군 현종을 가르쳤다.

　남인 가문에 태어나 집권 세력인 서인 일파에 맞서 왕권 강화를 주장하며, 20년 넘는 유배 생활과 19년의 은거 생활을 했다. 관직 생활을 10년 정도 했으나 조상에게 물려받은 재산으로 풍족한 은거 생활을 누릴 수 있었다. 그의 탁월한 문학적 역량은 이런 환경 속에서 자라나고 표출됐다. 25년을 녹우당과 보길도에서 보냈다. 보길도 유배 생활 중 지은 〈어부사시사〉는 그의 대표작이다.

해남 윤씨 종택을 처음 지어 정착한 사람은 윤선도의 4대조인 어초은漁樵隱 윤효정(1476~1543)이다. 이 종택은 다산 정약용이 태어나고 윤선도의 증손자인 공재 윤두서가 태어나 자라며 학문과 예술의 혼을 키운 곳이기도 하다. 정약용은 윤두서의 외증손이다.

해남 윤씨 종택 사랑채인 녹우당.

삭힌 열매의 진한 향과 다디단 맛이 어우러지다

이 종가는 윤효정과 윤선도 두 선조를 불천위로 받들고 있는 가문이다. 두 사람의 사당이 따로 있고, 종손의 4대조 신주를 모시는 사당(추원당)이 따로 있다. 종택에 이처럼 사당 세 채가 있는 경우는 처음 본다.

이 가문의 불천위를 비롯한 조상 제사상에 오래전부터 오르고 있는 음식이 비자강정이다. 지금은 여든셋의 윤형식 종손과 일흔아홉의 김은수 종부가 종택을 지키며 비자강정, 감단자 등 종가 음식 문화도 이어가고 있다. 해남 윤씨 종택이 아니면 맛보기 어려운 비자강정은 종택 뒷산(덕음산)에 선조들이 조성한 '비자나무 숲'에서 채취하는 비자나무 열매로 만든다.

비자 열매를 줍거나 따서 씻지 않고 그대로 옹기 항아리에 넣어 일주일 정도 삭힌다. 비자를 씻지 않는 것은 진한 향을 살리기 위해서다. 항아리에 넣어 둔 비자 열매는 껍질이 까맣게 삭는다. 삭은 껍질을 벗기면 땅콩 같은 알맹이만 남는다. 알맹이는 햇볕에 일주일 정도 말린다. 흔들어 보아 딸랑딸랑 소리가 나면 잘 마른 상태다. 다시 더운 방에서 3일 정도 말린 뒤 프라이팬에 볶으면 누릇누릇해진다. 그리고 껍질을 벗긴 다음 조청이나 꿀을 발라 볶은 통깨를 고물 묻히듯 묻혀 비자강정을 완성한다.

비자강정은 비자 열매의 쌉쌀한 맛과 독특한 향이 별미이다. 해남 윤씨 종가는 비자강정이 윤효정의 제사가 시작될 때부터 제사상에 오른 것으로 보고 있다.

감단자도 오래전부터 이 가문에 내려오는 음식이다. 가을에 떨어진 감과 함께 익지 않은 감을 따서 가마솥에 푹 고아 거른 뒤 찹쌀가루와 섞어 다시 고아 식힌 후, 콩고물과 흑임자 등을 묻혀 완성한다. 이 감단자 역시 오래전부터 불천위 제사상에 오르고 있는 음식이다. 제사상에 오르는 편(떡)의 웃기떡 중 가장 위에 올린다. 제사가 끝나면 서로 먹으려고 할 정도로 인기가 있다고 한다.

"뒷산 바위가 노출되면 마을이 가난해진다"

종택 뒤를 병풍처럼 둘러싸고 있는 덕음산 중턱에 천연기념물인 비자나무 숲이 있다. 1972년에 천연기념물 제241호로 지정된 비자나무 숲은 윤효정이 500여 년 전에 이곳에 터를 잡으면서 심은 것으로 추정하고 있다.

녹우당에서 500미터 정도 길을 따라 올라가면 비자나무 숲이 나온다. 가장 큰 비자나무는 높이가 20미터 정도 되고, 가슴 높이의 지름이 1미터가량 된다. 비자나무들은 소나무와 동백 등 다른 나무와 함께 어울려 숲을 이루고 있는데, 아름드리 비자나무 400여 그루가 9,000여 평 곳곳에 어우러져 녹우를 내리고 있다.

윤효정은 "마을 뒷산에 있는 바위가 노출되면 마을이 가난해진다"며 비자나무 숲을 조성했다고 한다. 풍수 차원에서 사시사철 푸른 잎을 유지하는 비자나무를 심어 비보림을 조성한 것이다. 후손들도 그의 유훈을 받들어 비자나무 숲을 잘 보존하며 가꾸어 왔다.

윤효정이 심어 조성한 종택 뒷산
의 비자나무 숲(위)과 열매.

비자강정.
보라색 강정은 종부가 최근 땅콩
알맹이로 개발해 낸 것이다.

직접 건강주를 빚은 사대부

윤선도

고산연보孤山年譜에 보면 윤선도에 대해 "용모가 단정하고 안색이 엄숙하며 굳세어 대하는 사람이 바로 볼 수가 없고 쏘아보는 눈빛이 섬연하다"고 표현하고 있다. 직설적이고 불의를 참지 못하는 성품인 윤선도의 풍모는 이 표현으로 보아 공재 윤두서의 '자화상'에서 느껴지는 분위기와 비슷하지 않았을까 생각된다.

장수를 한 윤선도는 81세의 노령에 전라도 광양 유배에서 돌아와 보길도에서 생을 마칠 때까지 병으로 눕지 않았던 것으로 보여, 당시로서는 천수天壽를 누리고 갔다고 할 수 있다.

윤선도는 학문과 함께 의술에도 밝았다. 그와 정적 관계에 있던 원두표가 병이 들어 어떤 약을 써도 효력이 없었는데 윤선도의 처방을 받아 병이 나았다는 일화도 있다. 그는 55종의 다양한 처방전을 다룬 민간요법 관련 저서인 《약화제》藥和劑를 남기기도 했다. 고산의 의술이 상당한 수준에 이르렀음을 짐작할 수 있다.

윤선도의 장수 비결과 관련해 그가 건강을 위해 만들어 마셨던 술이 회자되기도 했다. 윤선도는 술을 즐겨 마셨는데, 기록을 통해 확인할 수 있는 것이 경옥주瓊玉酒와 국활주國活酒, 오선주五仙酒 등이다.

《보길도지》甫吉島識를 보면 윤선도는 보길도에서 은거할 때 매일 새벽 닭 울음소리와 함께 일어나 작은 옥배로 경옥주 한 잔을 마시고 일과를 시작했다고 한다. 오늘날의 경옥고를 술에 타서 마시는 형태였을 것으로 보인다.

또 국활나무 목피를 고약으로 만들어 상비약으로 쓰면서 국활주를 빚어 마시기도 했다. 금쇄동金鎖洞에서 은거 생활을 할 때는 오선주를 마셨다고 한다.

그는 《오선주방》五仙酒方에서 창출蒼朮, 송절松節, 죽엽竹葉, 오가피五可皮, 맥문동麥門冬, 계실桂實 등의 재료를 넣어 빚은 약용주를 '오선주'라 이름 짓고, "해年의 운이 흉하여 질병이 성할 때 이 여섯 가지 약제를 취해 빚어 마시면 아주 좋다"라고 했다.

의약에도 조예가 깊었던 윤선도는 인조와 효종 때 중궁전과 대비전의 약제 처방을 위해 초청되기도 했다.

05

건진국수는 어디서 건졌을까?

건진국수
안동 지촌종가

21세기형 종가, 지례예술촌

안동 지례예술촌. 이름만으로 보면 예술인들이 모여 사는 마을로
생각할 수 있지만, 사실은 한 종가가 대대로 살아 온 집이 있는 곳
이다. 바로 지촌芝村 김방걸(1623~1695)을 시조로 하는 지촌종가의
종택이 자리하고 있다. 건물이 안채와 사랑채, 지촌서당, 사당, 제청
祭廳, 문간채, 주방채 등 11동이나 되니 작은 마을이라고 봐도 될 만
하다.

이곳에는 지촌종가의 13대손 김원길 종손이 부인과 함께 살고 있

다. 종손이 시인이기도 해서 실제 예술인들이 종종 찾아와서 행사를 열며 전통 종가 문화를 체험하기도 한다. 내국인은 물론 외국인도 찾고 있다.

종손은 1986년 지촌종택이 임하댐 건설로 수몰될 때 종택을 다른 종가들처럼 멀리 다른 곳으로 이건한 후, 살기는 안동 시내에 살면서 한 번씩 찾아볼 것인지 고민했다. 그러다가 최대한 가까운 곳에 종택을 옮기고 그곳에서 살기로 결정하면서 지금의 예술촌으로 탄생시켰다.

고택 또는 종택이란 이름을 내세우면 외국인들이 잘 인식하지 못할 것 같아서, 오지에 있지만 유명인들이 찾아오는 명소로 만들기 위한 방편으로 '예술촌'이라는 이름을 달았다고 한다.

종손 부부는 1989년부터 임하호가 바로 내려다보이는 지촌종택을 지키며 종가 문화를 고스란히 지켜오고 있다. 안동 시내에서도 30분 이상 차로 달려야 도착할 수 있는 곳이다. 지례는 1975년에야 처음 전기가 들어올 정도로 외진 곳이다. 임하댐 건설로 다른 종가들은 안동 시내나 교통이 편리한 곳으로 종택을 옮겼지만, 지촌종가 종손은 마을 뒷산으로 옮겨 지금까지 선조의 은둔 전통을 지키며 각별한 삶을 살고 있다.

이 지촌종택의 내림음식으로는 여름철 손님 접대를 위한 별미인 건진국수가 있다.

지촌종가의 건진국수와 상차림. 건진국수를 밥과 함께 내놓는 일은 없었다고 한다.
© 농촌진흥청

국수는 흔히 여름철에 쉽게 만들어 먹는 음식으로 생각하기 쉽다. 밥 대신 해 먹는 간편한 대용식 또는 한꺼번에 많이 해서 식은 밥과 함께 여러 사람이 먹는 요기용으로 여기기 십상이다. 하지만 지촌종가의 건진국수는 그런 음식이 아니다. 여름철 종가를 찾는 귀한 손님들에게 내놓는 특별식이었다. '건진국수'라는 이름은 국수를 삶아 찬물에 헹군 뒤 바로 건져 사용하기 때문에 붙여졌다. 지촌종가 종부들은 오래전부터 여름철 종가를 찾는 귀빈들에게 건진국수 대접하기를 대물림해 왔다.

밀가루와 콩가루를 4대 1의 비율로 섞어 반죽한 뒤 최대한 가늘고 곱게 썰어 뜨거운 물에 삶아 재빨리 건져 낸다. 그 후 찬물에 헹구고 물기를 없앤다. 그리고 건진 면에다 미리 준비해 둔 육수를 붓고 고명과 채소 등을 얹어 손님상에 올린다. 육수는 보통 멸치를 사용해 만들지만, 말린 은어나 닭고기로 우려 내기도 한다.

여기에다 육회를 비롯한 호박 돈적(엽전처럼 둥근 모양이어서 붙은 이름), 말린 민물고기 양념구이, 더덕구이, 명태 보풀 등을 곁들인다. 민물고기 말린 것을 자주 사용한 것은 종택이 반변천가에 자리하고 있어 민물고기를 구하기 쉬웠기 때문이다.

건진국수는 밥상 대신에 대충 내놓는 음식이 아니라, 정식으로 차려 내는 여름철 고급 별미란 것이 이순희 종부의 설명이다.

"우리 집안에 대대로 전해 내려오는 건진국수는 한 끼를 때우기 위해 간편하게 장만하는 음식이 아니라, 귀한 손님을 접대하는 특

건진국수

건진국수 상차림의 또 다른 별미, 육회.

별음식이었습니다. 그래서 밥과 함께 내 오는 경우가 절대 없었어요. 밥하고 같이 차려 내는 것은 제대로 된 건진국수 상차림이 아니지요. 또 건진국수는 면이 생명입니다. 면을 실처럼 가늘게 썰면 맛도 달라지지만, 무엇보다 아녀자의 솜씨를 드러내는 것이기도 한 만큼 면을 얼마나 얇고 가늘게 만드느냐 여부에 자존심이 달려 있기도 합니다."

건진국수는 이처럼 최대한 가늘게 썰고 바로 삶아 건져 아주 맛있게 만들어 내야 하는 특별식이기에, 보통의 국수처럼 한꺼번에 많이 할 수도 없는 음식이며 공이 많이 들어간다고 설명했다.

이순희 종부는 음식 솜씨가 좋아 최고의 건진국수 상을 내놓는다. 몇 년 전에는 프랑스 대사 부부가 지촌종택을 방문해 종부의 건진국수를 대접받고는 맛과 정성에 반해 종손 부부를 대사관으로 초청해 답례를 하기도 했다.

간고등어 없으면 민물고기, 곶감 대신에 토마토

지촌종가의 제사 음식 중 다른 종가의 제사 음식에서는 찾아보기 어려운 음식이 있다. 말린 민물고기이다. 물고기의 배를 따서 내장을 꺼낸 뒤 꼬챙이에 꿰어 말린 후 사용하고 있다. 오래전부터 제사상에 오르고 있다.

물고기 종류는 피리, 은어를 비롯해 다양하다. 종택 앞을 흐르던 반변천에서 잡히던 물고기들이다. 원래 종택 터가 임하댐 건설로 수몰돼 사라지면서 지금은 임하호와 근처 길안천 등에서 잡히는 물고기를 말려 사용하고 있다.

제사상에 오른 말린 민물고기는 제사를 지낸 후 튀겨서 반찬이나 안주로 먹는다. 평소에도 종종 조리해 먹기도 한다. 말린 민물고기가 이렇게 제사상에 오르게 된 이유는 무엇일까.

"안동은 내륙 한가운데 위치해 바다 어물을 쓰기가 어려워 간고등어를 쓰곤 했는데, 간고등어도 구하기 어려운 집에서는 민물고기를 잡아 말려 제사상에 올리게 된 것입니다."

김원길 종손은 이와 관련, 다음과 같은 이야기도 들려줬다.

건진국수

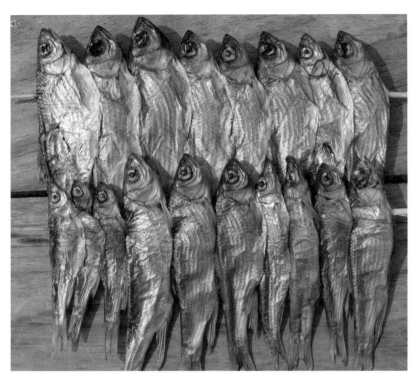

지촌종가 제사상에 오르는 말린 민물고기.

　"'치' 자나 '리' 자가 붙는 물고기는 제사에 안 쓰는 어물입니다. 하지만 양미리 등을 엮어 말리면 그 모양이 호메이(호미)처럼 되는 데, 이것을 호메이처럼 생겼다고 해서 '호메이 고기'라 이름을 붙이 고는 그것을 제사상에 올리기도 했습니다."

　제사상을 최대한 정성껏 잘 차리기 위해 고기 이름까지 바꿨던 모 양이다. 민물고기가 제사상에 오르는 것과 관련해 종손은 지촌 김방걸이 시에서도 썼듯이 물고기를 좋아했던 것도 한 이유가 되었을 것이라고 이야기했다.

또한 제수와 관련, 가난해서 곶감을 구할 처지가 안 되는 집안은 곶감 대신에 토마토를 썼다고 한다. 토마토 모양이 그래도 감과 비슷하기 때문인데, 제사상에 올릴 때는 '땅감'(땅에서 나는 감이라는 의미)으로 부르며 감의 일종으로 삼았던 셈이다.

건진국수

간소한 삶을 원한다면, 지촌처럼

김방걸

    지촌 김방걸(1623~1695)은 학봉 김성일의 형인 약봉 김극일의 증손자다. 부친은 병자호란으로 나라가 망하자 과거를 포기하고 반변천의 도연(陶淵: 중국의 대표적 시인 도연명에서 따온 지명)이란 곳에 은거한 표은瓢隱 김시온이다. 지촌은 조선 현종 때 문과에 급제해 벼슬길에 나갔으나 부친의 영향으로 은둔 생활을 좋아해, 40대 초반 도연에서 10리나 더 상류에 있던 지례에 집을 지어 분가하면서 호를 '지촌'이라 하고 지촌 가문의 입향조(入鄕祖: 어떤 마을에 맨 먼저 정착한 사람이나 조상)가 되었다.

    간소함과 청렴함을 좋아하고 명예와 이익을 멀리하며 담박한 삶을 살았던 그는 평소 "인생은 적의(適意: 마음에 맞음)한 것이 귀중한데 어찌 명리로 자신을 속박하며 굽실거려서 권문權門의 주구走狗가 될까"라고 말하곤 했다. 영양군수를 지내고 돌아올 때 수레에 국화 화분 하나뿐이었을 정도로 청렴하게 살았던 그는 58세 되던 해에 벼슬을 그만두고 지례에 돌아와 머물며 무언재無言齋를 마련했다. 그때 지은 시를 보면 그가 추구했던 삶을 엿볼 수 있다.

고향에 돌아온 지 세월이 많이 흘렀구나 一臥滄江歲月深
숨어 사니 티끌 하나 침범하지 않네 幽居不受點塵侵
고기잡이 낚시질도 귀찮은 것을 알겠고 已知漁釣還多事
거문고나 바둑도 심란하게 느껴지네 更覺琴碁亦攪心
공들여 쌓은 돌걸상 바람이 쓸게 하고 石榻任他風過掃
매화 화단도 새가 와서 노래하게 둔다 梅壇輸與鳥來吟
이제까지 하던 일 모두 그만두고 如今全省經營力
종일토록 말없이 푸른 산 대하네 終日無言對碧岑

친구에게 준 시에서는 다음과 같이 읊었다.

강 깊은 데 쏘가리 살쪄 있으니
이 가운데 생애가 자족하도다
명성은 내 기대하는 바 아니고
적막이 진실로 소원이라네

지촌은 이처럼 궁벽한 곳에 거처를 마련하고 은둔 생활을 즐겼다.

06

육수 빛깔마저 은빛이 돈다

은어국수

성주 사우당종가

성주군 수륜면 수륜리에 자리한 윤동마을은 성주의 대표적 집성촌 중 하나이다. 의성 김씨 집성촌인데, 그 중심이 사우당종택이다. 순천 박씨가 먼저 마을을 개척한 이곳에 의성 김씨로 처음 자리를 잡아 정착한 인물이 바로 사우당四友堂 김관석(1505~1542)이다. 김관석의 부인은 순천 박 씨이다.

사우당종택은 김관석의 후손들이 사우당을 기리기 위해 1794년에 건립한 '사우당' 건물을 중심으로 영모당, 안채, 사랑채, 다도와 예절 등을 위한 공간 등이 금초산 아래로 펼쳐져 있다.

사우당종택은 '문절공文節公 김용초 종택'으로도 불린다. 김관석의

사우당종택의 중심 건물인 사우당.
김관석의 후손들이 그를 기리기 위해 1794년에 건립했다.

5대조인 김용초(1329~1406)는 태조 이성계의 개국을 도와 원종공신
原從功臣에 오르고 충청도병마절도사를 지냈으며, 사후에 문절文節이
라는 시호諡號를 받았다.

김용초는 만년에 성주군 대가면 안터內基마을로 입향했고, 그 후손
들이 수륜면 윤동, 대가면 사도실, 초전면 내동, 용암면 마천 등에서
집성촌을 이루게 되었다. 윤동에 자리잡은 김관석은 김용초 가문의
종손이다. 따라서 사우당종가는 곧 문절공종가이기도 하다.

사우당종택이 있는 윤동마을은 뒤에는 까치산의 맥이 흐르다 맺
힌 금초산이 병풍처럼 펼쳐져 있고, 앞에는 가야산에서 발원한 대가
천大家川이 흐르고 있다.

맑은 물에서만 사는 은어로 만들다

문절공 21대 종손, 일흔셋의 김대기 씨와 예순일곱의 종부 류정숙
씨가 종택을 지키는 사우당종가에는 이런 자연 환경이 베푸는 식재
료를 활용한 내림음식이 있다. 은어를 이용한 여름 특별 보양식 은
어국수이다.

대가천은 가야산에서 발원하여 성주군 수륜면을 지나 고령군 운
수면에서 회천으로 흘러드는 큰 하천이다. 예전의 대가천은 항상 수
량이 넉넉하고 물도 맑아 그야말로 청류淸流요, 옥류玉流였다. 그래서
대가천에는 맑은 물에서만 산다는 고기가 많았다. 꺽지, 빠가사리,
피리, 모래무지, 쏘가리 등이 늘 노닐었다. 특히 은어가 많아서 주변

은어와 은어국수.
© 사우당종가

마을 사람들의 별미가 되어 주었다.

은어는 맑은 물을 좋아하며, 어릴 때 바다로 나갔다가 다시 하천으로 돌아온다. 살에서 수박향이 나는 고급 물고기인 은어는 회나 구이, 매운탕, 튀김 등 다양한 방법으로 요리해 먹는다. 이 은어를 푹 고아 걸러 낸 육수에 국수를 넣어 만들던 것이 은어국수이다. 김관석이 입향한 후 사우당종가 종부들은 마을 앞을 흐르는 대가천에서 은빛 비늘이 번뜩이는 은어 등 물고기들을 잡아 다양한 요리를 해 먹었다. 은어국수는 그 요리들 중 하나로 지금의 종부에까지 이어져 온 대표적 여름 별미이다. 10여 년 전 93세로 별세한 류정숙 종부의 시어머니(배학진)는 생전에 은어국수를 자주 해 먹었다. 집안 식구들이나 종가를 찾는 손님을 위해 종종 은어국수를 여름철 별미로 내놓았다.

은어국수를 만드는 방법은 다음과 같다. 은어를 잡아 내장을 제거하고 손질한 뒤 푹 고아 육수를 만든다. 면은 밀가루에다 콩가루를 30% 정도 섞어 마련한다. 건진국수처럼 면은 삶아 건져 바로 찬물에 헹군다. 그리고 건진 면에다 은어 육수를 붓고 호박, 계란, 김 등을 얹어 은어국수를 완성한다. 은어 향기가 은은하게 나는 은어국수는 다른 어탕 국수와 달리 비린내가 나지 않고, 육수 빛깔이 은빛이어서 보기에도 고급스럽다.

류정숙 종부도 여러 차례 은어국수를 만들었으나 요즘은 거의 요리하지 않고 있다. 지금은 물이 오염되어 대가천에서 은어가 거의 잡히지 않거니와 그 과정이 번거로운 데다, 예전과 달리 별미를 대접해야 할 경우도 잘 없기 때문이다.

사우당종가의 다식.

은어국수

손님 먹거리가 끊어져서는 안 된다

종가의 음식은 종부에 따라 좌우될 수밖에 없다. 가문의 선조와 관련된 음식은 대대로 제사상에 오르면서 전해내려 오기도 하지만, 종부의 솜씨와 감각에 따라 그 당대에 맞는 음식이 개발되어 종가를 대표하는 음식이 되기도 한다.

류정숙 종부도 시어머니에게서 배운 것뿐만 아니라 요즘 환경에서 쉽게 구할 수 있는 주변의 음식 재료를 활용해 개발한 음식을 선보여 왔다. 연잎을 이용한 연잎밥, 연잎수육, 연잎차, 연잎오이냉채 등을 종택을 찾는 이들에게 내놓고 있다. 물론 사람들로부터 별미라는 칭찬을 듣고 있다. 종부는 또한 종택을 방문하는 이들에게 최소한 따뜻한 차라도 한 잔 대접하기 위해 1년 내내 연잎차가 끊어지는 일이 없도록 하고 있다고 했다.

다도에도 각별한 관심을 가지고 공부를 한 종부는 종가를 찾는 많은 손님들에게 정성 들여 차와 함께 다식을 내놓는데, 직접 만든 다식이 특히 눈길을 끈다. 색을 오방색으로 내기도 하고 세 가지 색으로 내기도 한다. 녹색은 파란 콩을 볶아 사용하고, 검은색은 검은깨를 사용한다. 노란색은 송화가루를 사용하고, 흰색은 쌀가루로 찐 백설기를 말려 사용한다. 일반 콩도 이용한다. 그리고 태극 문양, 국화 문양 등의 다식 틀을 이용해 예쁘게 찍어 완성한다. 잣을 넣은 곶감도 일품이다. 손님들의 눈과 입을 즐겁게 한다.

종부는 아이들을 중심으로 현대를 살아가는 사람들의 인성 교육의 필요성을 절감하여, 종택을 활용한 예절 교육과 다도 교육에도 정성을 쏟고 있다. 류정숙 종부는 "종택을 찾는 이들 모두가 다른 곳에서는 느끼기 어려운 종가의 품위와 넉넉한 마음을 느끼고 갈 수 있도록 하는 데 각별히 마음을 쓰고 있다"고 말했다.

한편 오랫동안 종택을 지켜 온 종부는 차종부 이주현 씨가 종택에 들어와 살 생각을 하고 있는 것이 참으로 고맙다는 이야기도 전했다.

"요즘 사람들은 특히 시골의 종택을 지키며 살기가 어려운 현실임에도, 가야금을 전공한 큰며느리가 머지않아 종택에 들어와 종가 문화를 지키고 가꾸며 살겠다고 해 고맙고 또 마음이 놓입니다. 저보다 종가 문화를 더 잘 가꾸어 나갈 것 같습니다."

은어국수

효심 지극했던 '불효자'

김관석

　김관석의 호 사우당의 '사우'는 사군자로 불리는 매화, 난초, 국화, 대나무를 의미한다. 선비가 본받아야 할 정신에 비유되는 사군자의 성품을 닮으려고 한 마음이 그가 남긴 시 〈사우〉四友에 잘 드러나 있다.

　　반 이랑쯤 되는 뜰 앞에 네 군자를 심으니 半畝庭前植四君
　　그윽한 꽃과 곧은 줄기는 범상한 나무 무리가 아니다 幽和貞幹不凡群
　　매화와 난초는 봄과 여름에 향기를 맡고 梅蘭春夏香能看
　　국화와 대나무는 가을과 겨울에 그 절개를 알겠다 菊竹秋冬節已聞
　　시험 삼아 그려서 병풍을 꾸미니 다 묘한 그림이요, 試寫粧屏皆妙畵
　　제목을 달고 읊어 시축을 만드니 역시 진기한 글이로다 題吟作軸亦奇文
　　일 년 내내 아름다운 경치와 절후를 따라서 즐기니 年中美觀移時樂
　　사랑스러운 너의 맑은 기품 가히 내 벗 되겠구나 愛爾淸慓可友云

김관석은 효성이 남달랐다. 어릴 적부터 효성이 지극했던 그는 어쩌다 맛있는 음식이나 과일을 얻게 되면 자신이 먹지 않고 소매 속에 넣어 돌아와 부모에게 드렸다. 사람들은 "중국 오나라의 학자인 육적陸績이 원술의 집에서 몰래 귤을 소매에 숨겨 돌아와 부모에게 드린 회귤懷橘의 고사와 같다"며 입을 모아 칭송했다.

  부친이 원인 모를 병으로 고생하게 되자, 그는 백방으로 약을 구해 올리고 정성을 다해 간호했으나 별 효험이 없어 위독한 지경에 이르렀다. 그런 상황에서도 그는 부친의 대소변을 맛보면서 병의 위중함을 측정하고, 매일 새벽 목욕재계한 다음 눈물을 흘리며 하늘에 간절히 기도했다.

  '자식 된 도리가 부족해 부친의 병이 위중해졌으니 이 불효자에게 병을 대신하게 해 주소서.'

  지극한 효심에 하늘이 감응했는지 부친의 병이 드디어 완쾌되자 그의 효심에 감동하지 않는 이가 없었다.

07

서양에 감자 칩이 있다면 우리에겐 부각이 있다

부각

거창 사증종가

다양한 채소나 해조류 등에 찹쌀 풀을 입혀 말려 뒀다가 튀겨 내는 부각은 역사도 오래된, 우리의 전통 음식 중 하나이다. 궁중이나 사대부 집안의 내림음식으로, 전국 곳곳에서 반찬 또는 간식거리로 만들어 먹어 왔다.

특히 거창은 옛날부터 어느 지역보다 부각이 발달한 지역으로 꼽히고 있다. 오래전부터 많은 집에서 다양한 부각을 만들어 먹고, 또한 내다 팔기도 했다.

거창의 대표적 종가인 파평 윤씨 사증종가는 특히 맛있는 부각으로 유명하다. 이 종가의 부각은 집안 종부들이 대대로 종가만의 부각 노하우를 전수해 손님들에게 내놓음으로써 종가의 특별 음식으로 널리 알려지게 했다.

거창 파평 윤씨는 대언공代言公 윤안적(고려 충렬왕)의 후손이 450여 년 전에 한양에서 거창으로 내려오면서 자리 잡았다. 사증종가는 대언공의 후손인 영호潛湖 윤경남(1556~16140)의 넷째 아들 사증思曾 윤기를 시조로 하는 가문이다. 윤경남은 임진왜란 때 의병으로 참전해 전공을 세웠으며 장수현감, 운봉현감 등을 지냈다.

윤경남이 태어난 거창군 남하면 양항리에 있는 윤경남 생가가 종가의 부각 전통을 지키고 있는 고택이다. 사증종가에는 수많은 손님들이 찾아들었고, 그 종부들은 높은 산으로 둘러싸인 깊은 골짜기에 자리한 종택에 시도 때도 없이 찾아오는 다양한 손님들에게 언제라도 술상을 차려 낼 수 있는 음식으로 부각을 특화시켜 온 것이다. 손님들은 농산물이 한창 나올 때만 찾아오는 것이 아니다. 아무것도

다양한 채소 부각.
© 오희숙

나지 않는 겨울에 찾아와도 격이 있는 술상과 음식상을 차려 내는 데는 부각이 안성맞춤이었을 것이다. 이 종가 내림음식인 부각은 지금은 종가를 찾는 손님을 즐겁게 하는 데 그치는 것이 아니라, 우리나라의 다른 지역은 물론이고 미국, 일본 등 선진국 부유층의 입맛을 사로잡는 일류 웰빙 스낵으로 나날이 발전하고 있다.

종가댁 항아리는 술과 음식이 가득한 요술 항아리

현재 사증종가 전통 부각의 맥을 이어 국내외 미식가의 입맛을 사로잡는 부각 제품을 생산하는 주인공은 12대손 윤형묵 씨 부부이다. 윤 씨 부부는 종손이 아니라 종손의 둘째 동생 부부인데, 전통 부각 비법을 전수받아 오늘이 있게 한 사람은 부인 오희숙 씨다. 오희숙 씨가 부각 전통을 잇게 된 것은 종손이 직장 때문에 종택을 지키지 못하고, 대신 오 씨 부부가 종택(윤경남 생가)에 살게 되면서 오 씨가 종부 역할을 했기 때문이다. 오 씨는 그렇게 해서 15년 동안 종택에서 시어머니와 살면서 부각 노하우를 배우게 되었다.

"시어머니가 손님상을 차리는 모습을 보면 무슨 요술 방망이를 가진 것처럼 보였습니다. 언제 어떤 손님이 찾아와도 바로 멋지게 술상이나 음식상을 차려 내는 것이 정말 신기할 정도였습니다."

그 상차림의 중심에 있는 것이 부각이었다. 종택에는 어른이 들어갈 정도로 큰 항아리들이 많았는데, 거기에는 항상 맛있는 술과 저장 음식인 부각이 가득했다고 한다. 여러 가지 채소를 찹쌀 풀에 입

오희숙 명인은 이 거창 파평 윤씨종택에서 다양한 부각을 만들고 있다.

© 오희숙

고소한 풍미와 바삭한 식감이 살아 있는 다시마부각.
© (주)하늘바이오

오희숙 명인이 만든 다양한 전통 부각.

혀 저장해 두었다가, 손님이 오면 손님에 따라 그 입맛이나 격에 맞는 재료를 꺼내 바로 튀겨서 술상을 차려 냈다. 특히 인삼부각은 귀한 부각으로 인기가 높았다. 인삼은 부각으로 만들어 먹으면 쓴 맛은 없어지고 단맛만 남아 아주 맛있다고 한다.

종가에서는 가양주도 서너 가지를 빚어 왔다. 여름에는 백설기를 발효시켜 만드는 백일주를 빚었고, 봄에는 죽순이 올라올 때 항아리를 덮어 일정 기간 뒤에 벗겨 내고 그 죽순을 잘라 술을 담그는 봉황주를 빚었다. 지금은 가양주는 담그지 않고 있다.

세계인이 사랑하는 스낵으로 발전한 부각

1977년 파평 윤씨 사증종가로 출가한 오희숙 씨는 이듬해부터 거창에서 살게 되면서 시어머니(이진혜)로부터 300여 년 동안 지켜 온 내림음식을 하나씩 전수받았다. 시어머니는 함안 이씨 종가에서 파평 윤씨 집안으로 출가해 양 가문의 전통 음식과 예절을 전수받았는데, 음식 솜씨가 뛰어나 주위에서 칭찬을 많이 들었다. 특히 더덕과 도라지 자반(간을 해서 말려 튀긴 음식), 인삼부각은 문중의 큰 행사나 귀한 손님 상차림에 빠지지 않는 최고의 음식으로 종가의 자랑거리가 되었다.

오 씨는 종가의 내림음식 중 이 부각에 특히 주목했다. 다른 음식과 달리 보관과 휴대가 쉬운 점 등을 살리면 현대인들도 쉽게 부각을 즐길 수 있겠다는 생각을 한 것이다. 오 씨는 시어머니와 함께

다양한 부각을 만들어 남편의 지인들을 비롯해 주위에 선물하기도
했는데, 맛을 본 사람들은 그 맛을 잊지 못해 주문해 오는 경우가
많았다.

그래서 1992년 부각을 전문적으로 만들어 판매하는 회사를 차려
창업을 했다. 1995년 전남 곡성에 공장을 세우고 본격적으로 부각
생산을 시작했고, 얼마 후 남편도 직장을 그만두고 사업에 동참했
다. 2004년에는 오 씨가 전통식품명인 제25호로 지정되기도 했다.

오 씨 가족은 현재 '오희숙 전통부각'이란 상호를 달고 진주, 가
조, 곡성, 거창 네 군데 공장에서 부각을 생산해 국내외에 판매하고
있다. 고추, 연근, 우엉, 감자, 고구마, 호박, 콩, 마늘, 인삼, 더덕, 도
라지, 김, 다시마, 미역 등 부각의 종류도 다양화했다. 국내에서는
현대, 롯데, 신세계 등 백화점을 비롯해 이마트, 홈플러스 등 대형
마트와 홈쇼핑 등에서 인기리에 판매되고 있다.

외국인들에게도 부각은 인기 스낵이다. 미국, 일본, 필리핀, 중국
등에 수출되고 있는데, 매출의 절반 이상이 수출에서 나올 정도로
찾는 이들이 늘면서 수요를 따라가지 못할 정도라고 한다.

이름만 전해 오던 감잎부각을 복원하다

하지만 이 같은 부각 상품화 성공 과정에서 수많은 시행착오와 고
통을 겪어야 했다. 금방 튀겨서 먹는 일과 이를 유통시키는 건 또
다른 일이기 때문이다. 그 과정에서 관련 특허만 14가지나 얻게 되

었다. 그중 특히 기억나는 것이 감잎부각이라고 한다.

약용이나 다식으로 쓰이던 감잎부각은 그 이름만 전해 올 뿐 만드는 방법이 기록으로 남아 있지 않다. 그래서 다 자란 감잎 중 연한 잎을 골라 만드는 경우가 있으나 잘 만들어지지 않고, 식감도 떨어진다.

오 씨 부부는 이 감잎부각 구현에 도전했다. 4년 동안 해마다 시도한 끝에 성공할 수 있었다. 만드는 과정은 다음과 같다. 곡우穀雨 이후 10일 이내에 감잎이 두 잎으로 돋아났을 때 채취해 소금물에 헹궈 내 물기를 뺀다. 그리고 마른 찹쌀가루를 묻힌 다음 시루에 삼베를 받쳐 고루 펴서 살짝 찐다. 얇은 비닐에 깔아서 온돌에 말린 후 채종유에 튀긴다. 이렇게 만든 감잎부각은 색깔이 노릇하게 곱고, 옅은 단맛과 고소한 맛이 난다. 다식으로 제격이다.

다시마부각도 이들 부부가 처음 개발했다고 한다. 다시마를 삶아서 찬물에 식힌 다음 소금기를 씻어 내고 물기를 뺀 다음, 건조기 판에 맞물려서 고루 편 후 양념한 묽은 찹쌀 풀을 바른다. 건조한 후 한 입 크기로 잘라서 튀기면, 다시마부각을 맛볼 수 있다.

이처럼 사증종가의 부각은 종가 후손의 수많은 시행착오와 노력을 통해 종가의 음식이 지구촌 사람들 누구나 즐길 수 있는 세계적 고급 스낵으로 발전한 대표적 사례이다.

부각

08

간장 자체가 밥도둑이다

논산 명재종가
전독간장

고택에 숨겨진 베르누이의 원리

'충청도 양반'의 본거지였던 명재고택은 나지막한 뒷산이 감싸고 있는 양지바른 터에 자리하고 있다. 집 입구에는 사각형의 연못이 조성돼 있어 운치를 더한다. 집은 사랑채, 안채, 곳간채, 사당 등으로 이뤄져 있다. 사랑채 앞에 지금도 사용하고 있는 샘이 있어 눈길을 끈다. 그리고 고택 동쪽 마당에는 수백 개의 많은 항아리들이 줄지어 놓여 있어 장관을 연출하고 있다.

충남 논산시 노성면 교촌리에는 있는 명재고택은 과학적 지혜가 녹아 있는 건물로 유명하다. 명재고택 건물에 담겨 있는 대표적 과학 원리는 유체流體가 좁은 통로를 흐를 때 속도와 압력이 증가한다는 '베르누이의 정리'이다. 베르누이의 정리가 발표된 것이 1783년이니 물론 베르누이와는 무관하지만, 당시 사람들이 그 원리는 알았던 것이다.

바로 안채와 곳간채 사이에 이 원리가 적용되고 있다. 남쪽은 두 건물 사이가 널찍하게 떨어져 있지만, 북쪽은 처마가 맞닿을 정도로 붙어 있다. 여름에는 남쪽에서 불어오는 바람이 이곳 북쪽의 좁은 통로를 거치면서 속도가 빨라져 기온이 떨어지게 된다. 이런 곳간채의 북쪽에 음식물이나 반찬거리를 보관해 두는 찬광을 두었다. 안채 대청마루 북쪽 문으로 여름 내내 시원한 바람이 불어 오는 것도 이 덕분이다. 겨울에는 북쪽에서 오는 바람이 이곳을 거치면서 한결 유순해진다. 남쪽 방에 찬바람이 덜 들고 더 따뜻한 이유이다.

또 장독대가 안채 뒤쪽의 비탈에 마련돼 있는데, 햇볕이 잘 드는 이곳도 이 원리 덕분으로 일 년 내내 다른 곳보다 비교적 일정한 온도가 유지된다. 이 장독대가 명재종가에 대대로 전해 내려오는 유명한 씨간장이 보존되고 숙성되는 터전이다.

1709년에 건립된 이 고택의 주인공, 명재明齋 윤증(1629~1714)은 뛰어난 학행으로 유명했다. 그래서 과거에 급제하지 않고도 이조판서, 우의정 등 열여덟 차례에 걸쳐 벼슬을 받았으나 실제로 벼슬에 나아가지 않고 평생 학문과 후학 양성을 하며 보내 백의정승白衣政丞으로 불렸다. 그는 우암 송시열(1607~1689)의 제자였으나, 서인이 노론과 소론으로 분리될 때 소론의 영수로 추대되어 노론의 송시열

간장과 된장 항아리들이 즐비한 명재고택 전경.

과 대립하면서 조선 후기 정치사에서 중요한 위치를 차지하게 된 인물이다.

명재고택은 평생 초가에서 살아 온 윤증을 위해 후손과 후학들이 지어 준 60칸 한옥이었지만, 명재는 생전에 이곳에 발걸음조차 하지 않았다고 한다.

300년 이어 온 씨간장, 전독간장

명재고택은 현재 명재 윤증의 12대 종손, 예순한 살의 윤완식 씨가 지키고 있다. 명재종가의 이 종택에는 약 300년간 이어 오고 있는 '전독간장'이 있다. '독'은 항아리이고, 그 앞의 '전'은 두 가지 의미를 지니고 있다고 한다. 하나는 앞 전前이고, 또 하나는 전할 전傳이다. 즉, 앞 세대인 시어머니가 지켜 온 장독을 후대 며느리에게 전하며 지켜 온 간장이라는 뜻이다.

전독간장에 대해 종손이 구체적으로 설명했다.

"예전에는 종가의 식솔이 많아서 하루에 쌀 한 가마니는 기본이었습니다. 쌀 한 가마니로 하는 밥에 필요한 반찬을 장만하려면 간장도 만만치 않게 쓰이지요. 그래서 간장을 많이 담그는데, 간장을 한날한시에 담그더라도 맛은 독마다 다릅니다. 그 가운데 가장 맛있는 간장독이 전독이 되는 거고요. 전독간장은 먹지 않고 두었다가 다음해 장을 담글 때 항아리마다 조금씩 나누어 새로 담은 장과 섞습니다."

전독간장

전독간장은 이렇게 명재종가의 '종자 간장'이 된다. 이듬해 또 가장 맛있는 간장독을 골라 전독으로 특별히 관리하는 일을 해마다 거듭하면서 더욱 맛있는 간장으로 계속 발전시키는 것이다. 명재종가의 간장에 대한 자부심이 대단했던 양창호 노종부(기존 종손이 별세한 후 새 종손과 종부가 대를 이은 후에도 생존해 있는 기존 종부)는 이렇게 말하곤 했다.

"우리 집 간장은 이 지구상에서 최고 맛일 거야. 금방 지은 고슬고슬한 쌀밥에 우리 집 전독간장을 넣고 비벼 먹으면 다른 반찬이 없어도 맛나게 밥 한 그릇 먹을 수 있거든."

명재종가의 간장(왼쪽)과 간장게장.

전복간장

명재종가의 간장으로 만들어 온 대표적 음식인 떡전골.

© 논산문화원

명재종가 간장은 요즘의 간장과 달리 매우 검으나 탁하지는 않다. 맛은 그렇게 짜지 않고 단맛이 감돈다. 윤완식 종손이 금방 밥을 해서 날계란을 하나 얹어 밥을 비벼 먹어 보라고 권할 정도였다.

떡전골, 종가 음식의 왕이 되다

1998년 추석 때 한 방송국에서 전국의 대표 종가 여섯 곳을 선정해 종가 음식 맛 품평회를 한 적이 있다. 여기에서 여러 종가를 제치고 명재종가의 떡선과 떡전골이 1등을 차지했는데, 그 비결은 바로 간장 맛 덕분이었다.

떡전골이나 떡선은 명재종가의 대표적 설음식이고, 또한 손님 접대용이나 집안 행사 때 만들던 내림음식이다. 추수가 끝나는 10월쯤 묵은 쌀로 가래떡을 뽑아 두고, 수시로 떡선이나 떡전골을 만들어 먹었다. 떡전골은 가래떡을 썬 뒤 간장 물을 부어 간이 배게 한 뒤 다진 소고기(양지살)와 석이버섯 등을 넣어, 갈비를 우려 낸 육수로 끓여 만든다.

허례허식을 배격하고 검소를 강조하다

윤증

윤증은 세상을 떠나면서 "제사상에 떡을 올려 낭비하지 말 것이며, 일거리가 많고 화려한 유밀과나 기름이 들어가는 전도 올리지 말라"는 유언을 남겼다. 유언에 따라 후손들은 조상 제사상에 떡을 올리지 않고, 전도 올리지 않는다.

또한 명재종가의 제사상은 다른 양반가의 제사상에 비해 훨씬 작다. 가로 90센티, 세로 60센티 정도에 불과하다. 제사상에 오르는 제수의 가짓수도 적을 수밖에 없다.

84세까지 산 윤증은 평소 소식을 했는데, 반찬은 세 가지를 넘지 않았다. 보리밥에 볶은 소금을 반찬으로 삼아 식사를 할 때도 많았다고 한다. 이런 윤증은 초가에서 소박하게 살았다. 1709년 제자들이 돈을 모아 기와집을 지어 주었으나 새 집에 들어가 살지 않고 초가를 떠나지 않았다. 그 초가는 무너지려고 해 긴 나무로 지붕을 떠받쳐 놓고 있었는데, 선반에는 책이 가득했다고 한다.

명재고택에는 솟을대문이 없고, 집 앞에는 담장도 없다. 이와 관련해 아픈 사연이 있다. 1805년 고택에서 10리 떨어진 곳에 있던, 공자의 영정을 모시는 궐리사闕里祠가 근처로 이사를 왔다. 그리고 1830년에는 5리 떨어져 있던 향교도 바로 옆으로 옮겨 왔다.

종가는 자신들을 감시하러 왔다고 생각할 수밖에 없었다. 실제 궐리사의 관리 등이 수시로 집 앞을 서성이며 출입자를 파악하며 집 안을 엿봤다고 한다. 그래서 감시를 받을 바에야 다 보여 주자는 생각으로 그때까지 있던 솟을대문과 그 옆의 담장도 허물었다. 1850년의 일이다.

이런 사연의 뿌리에는 윤증 가문과 송시열 가문의 대립이 있다. 윤증의 부친인 윤선거와 송시열은 친한 사이였다. 주자학을 독자적으로 해석하고 비판해 송시열로부터 사문난적(斯文亂賊: 정통 유학을 어지럽히는 이단)이라며 공격을 받은 윤휴와도 가깝게 지냈다. 송시열은 윤휴와 가깝게 지내는 윤선거와 아들 윤증을 탐탁하지 않게 생각했다. 윤증은 송시열 문하의 수제자이기도 했지만, 그랬다.

이후 이런저런 이유로 윤선거 부자와 송시열은 결별하게 되고, 여러 면에서 첨예한 대립 양상을 보였다. 그런 맥락에 따라, 윤증 가문에서는 주자학을 철저히 따르는 궐리사와 향교가 명재고택 바로 옆으로 따라온 것은 일거수일투족을 감시하기 위함이라고 본 것이다.

09

종가의 후한 인심 한 그릇

국말이
논산 백일헌종가

충남 논산 지역의 대표적 고택으로 명재 윤증종택과 함께 백일헌 이삼종택을 꼽을 수 있다. 논산군 상월면 주곡리에 자리한 백일헌종 택은 종택 뒤의 굴참나무와 솟을대문 옆에 담장 대신 서 있는 은행 나무 고목이 인상적이다. 가을날 노란 은행나무 잎이 마당을 수놓고 있는 모습은 특히 아름다운 풍경을 선사한다.

이 은행나무는 무인이던 이삼이 말고삐를 매어 두던 나무라고 한 다. 백일헌白日軒 이삼(1677~1735)은 조선 영조 때의 무관으로, 백일 헌은 그의 호다. 주곡리에서 태어난 이삼은 포도대장을 거쳐 영조 원년에 어영대장을 지내다 당쟁에 관련돼 귀향했다가 뒤에 훈련대

논산 백일헌종가
먹치레

장이 된 인물이다.

　백일헌종택은 영조 임금이 이삼을 위해 지어 준 집이다. 1728년 (영조 4년) 이삼이 훈련대장으로 있을 때 이인좌의 난이 일어났다. 훈련대장으로 있던 이삼은 토벌 대장으로 이 난을 평정했고, 덕분에 그는 공신 반열에 올랐다. 영조는 난을 평정한 이삼에게 노비 34명과 함께 자재와 목수, 일꾼 등을 하사해 종택을 지어 주었다. 그때 임금이 선물로 준 이 종택은 매우 독특한 점이 많은 건물이다. 특히

국말이

독특한 툇마루와 대청마루, 누마루 등 다양한 마루가 이채롭고, 아름다운 창호도 눈길을 끈다.

일제 치하와 전쟁 중에도 종가를 지켜 준 맛

이 백일헌종가의 종택에는 공동체 문화를 드러내는 음식인 '국말이'를 비롯해 '타래과', '율란', '조란' 등 가문의 내림음식이 전하고 있다. 유교 사회였던 조선시대 종가에서 조상 제사를 모시고 손님을 접대하는 봉제사접빈객은 가장 중요한 일이었다. 따라서 종가마다

백일헌종가에서 제사를 마친 후 음복 음식으로 내놓던 국말이.
ⓒ 논산문화원

봉제사접빈객과 관련한 음식이 발달할 수밖에 없었다. 종가는 불천위 제사를 비롯해 명절 제사, 4대조 기제사 등 제사만 해도 일 년에 열 차례가 넘는 것이 보통이었다. 그리고 이런 제사가 끝나면 제사에 참석한 일가친척은 물론 온 동네 사람들이 와서 함께 음복을 하며 음식을 나눠 먹었다. 이럴 때 많은 사람들에게 한꺼번에 음식을 장만해 내놓는 일이 종부를 비롯한 집안 부인들에게는 큰 고민거리였을 것이다.

국에 밥을 마는 '국말이'는 이런 제사를 지내고 난 음식을 제사에 참석한 사람과 마을 사람들이 함께 효율적이면서도 맛있게 나눠 먹는 방법으로 탄생했을 것이다. 백일헌종택의 국말이도 제사 지낸 후 그 음식을 함께 나눠 먹는 데서 유래했다.

윤순중 종부는 시집을 온 후 가장 많이 한 일이 제사를 지내고 국말이를 만들어 낸 것이라고 한다. 종부는 이 국말이가 일제 치하에서도 장군 집안의 전통을 유지하게 해 주고, 한국전쟁이 일어났을 때도 지주 집안임에도 한 사람도 다치지 않게 해 주었다고 했다.

종가의 후한 인심은 가을 벼농사 타작에서도 읽을 수 있다. 백일헌종가는 한국전쟁 전까지만 해도 천 석 이상의 벼농사를 지었다. 종가에서 타작을 하고 난 다음, 마을 사람들은 이미 타작을 한 종가의 볏단을 다시 털었다. 그렇게 타작을 한 볏단을 털면 나락이 열 가마니 이상 나왔다는 것이다. 종가 어른들이 일부러 벼 이삭을 완전히 털지 않도록 했기 때문일 것이다.

백일헌종가 국말이는 밥 위에다가 고사리, 콩나물, 시금치, 숙주 등 나물을 얹은 다음, 끓인 육수(소고기국)를 부어 완성한다. 육수는 소고기, 마늘, 무, 대파, 다시마를 넣어 끓인다. 다시마는 끓인 후 빼낸다. 소고기는 양지를 사용한다.

오밀조밀한 꿀맛 – 타래, 조란, 율란

백일헌종가에서 손님을 접대하고 잔치를 할 때 내놓은 특별 음식으로는 타래과와 율란, 조란이 전하고 있다. 식사용 주식이 아니라 잔칫상의 고명, 차를 마시며 곁들이는 다식이나 간식으로 준비하던 음식이다. 이 간식도 언제부터 만들기 시작했는지 분명하지는 않지만, 오래전부터 전해 오고 있다. 지금의 종부와 차종부도 백일헌종가의 대표적 음식으로 만들어 내고 있다.

타래과는 밀가루로 반죽한 뒤 홍두깨로 잘 밀어 직사각형으로 썰고 타래 모양으로 만든 다음, 기름에 튀겨 꿀이나 조청을 바르고 잣가루를 묻혀 완성하는 과자이다. 쑥, 시금치, 치자, 오미자 등을 사용해 푸른색, 노란색, 붉은색 등 다양한 색의 타래과를 만들어 낸다.

조란은 대추를 삶아 씨를 빼고 잘 다진 후 조청이나 꿀과 섞어 조린 다음, 다시 대추 모양으로 만든다. 그리고 양쪽에 잣을 끼우고 계핏가루를 묻혀 완성한다.

율란은 밤을 삶아 속살로 밤 모양으로 빚어 계핏가루나 잣가루를 묻혀 낸다.

백일헌종가에서 손님 접대 등을 위해 만들던 타래과(위)와 조란, 율란.

© 논산문화원

국말이

문무를 겸비한 장군

이삼

이삼의 부친인 함평군 이사길이 주곡리에 들어와 살게 되면서 백일헌종가의 역사가 시작된다. 이사길이 주곡리의 터줏대감인 청주 양씨의 사위였기 때문이었다.

이삼은 주곡리에서 태어나 자랐고, 12세 되던 해에 당대 유명한 학자이자 예학의 거두이던 명재明齋 윤증을 만나게 된다. 윤증은 인근 지역인 노성에서 후학을 양성하고 있었다.

윤증과의 만남은 이삼이 학문과 인격을 갖추는 데 큰 영향을 끼쳤다. 윤증은 그의 자질을 알아보고 친자식처럼 대하며 각별히 가르치는 노고를 아끼지 않았다. 특히 윤증은 이삼의 뛰어난 체력과 힘을 일찌감치 알아보고 무관이 되기를 권유했다. 그래서 이삼은 윤증 문하에서 학문을 갈고 닦으며 무예 외에도 문관으로서의 능력도 함께 길렀다.

이삼은 1703년, 별시에 장원급제壯元及第하며 선전관宣傳官으로 벼슬을 시작한다. 이삼이 관직을 시작하던 시기는 정치 세력의 기복이 매우 심하던 때로, 노론과 소론의 싸움이 가장 치열했던 시기이기도 하다.

노론의 도움으로 영조가 왕위에 오르자 노론은 정치적 빚을 갚으라며 자신들의 중용을 촉구했다. 하지만 영조는 탕평책을 내놓으면서 당파 간 견제·조정을 통해 왕권 강화를 도모했다.

이에 국내 각처에서 영조를 부정하는 반란이 일어난다. 이른바 '이인좌의 난'이다. 이 무신난은 그동안의 당쟁이 병란으로 발전한 양상이었는데, 난이 일어나기 몇 해 전부터 충청·호남 지역에서 임금의 혈통에 문제를 제기하는 방이 붙었다. 이에 민심이 흉흉해지자 이인좌를 비롯한 노론들은 곳곳에서 영조를 끌어내리기 위해 군사를 일으킨 것이었다.

당시 훈련대장이던 이삼은 토벌 대장으로 이인좌의 난을 평정했고, 영조는 난에 가담했던 충청도 출신 반역자들의 가산을 몰수해 이삼에게 하사하는 한편, 모든 자재와 인력·예산을 동원해 집을 지어 준 것이다.

국말이

10

천재 소년의 보양식

장성
노사종가

시래기붕어찜

학자 중의 학자, 기정진

노사蘆沙 기정진(1798~1879)은 독창적이고 탁월한 이론을 정립한 철학자이자 철학을 몸으로 실천했던 성리학자이다. 특히 실천 없는 관념적 이론은 진리일 수 없다는 신념을 지녔던 그는 자신의 철학을 몸으로 실천해 보여야만 참뜻이 있다고 믿고, 평생 동안 겸허하고 순수한 학자로서의 자세와 처신을 잃지 않았다.

그는 가난과 병고 속에서도 벼슬을 멀리하고 오직 진리 탐구와 실천, 후학 양성에 일생을 바치며 높은 수준의 성리학 이론을 터득했다.《조선유학사》라는 저서로 유명한 독립운동가 현상윤(1893~?)은 수백 명에 이르는 조선시대 성리학자 중에서 학자다운 학문을 한 학자로 여섯 사람을 꼽았다. 화담 서경덕, 퇴계 이황, 율곡 이이와 이들을 이은 녹문 임성주, 한주 이진상 그리고 노사 기정진을 거명한 것이다.

노사 기정진의 학문과 관련해 흥선대원군 이하응은 "문불여장성" 文不如長城, 즉 "학문에 있어서는 장성만 한 곳이 없다"라는 말을 남기기도 했다.

기정진은 장성군 황룡면 아곡리와 장산리 등지에서 살다가 78세 때인 1875년, 고산서원이 있는 장성군 진원면 고산리로 이사와 학문을 마무리하고 제자를 가르치다가 세상을 떠났다. 그는 이곳에 마련한 담대헌澹對軒에 1879년 12월, 생을 마치던 날까지 머물렀다. 담대헌은 '부모님의 묘소를 담담하게 바라볼 수 있는 곳'이기에 지은 이름이다.

후학들은 기정진의 사후에 담대헌을 새로 짓고, 담대헌 뒤에 기정진의 위패를 모신 사당 고산사高山祠를 마련하는 등 고산서원을 건립했다.

하사리에서 익어 간 학문

기정진이 가장 오랫동안 살면서 저술 활동을 하고 강학을 했던 중심지는 황룡면 하사리였다. 현재 행정구역상으로는 황룡면 장산리

담대헌에 걸려 있는 기정진의 글씨.
사무사 무불경(思無邪 無不敬). '생각에 잘못됨이나 간사함이 없이 진실하다'는 뜻이다.

에 해당한다. 그는 65세 이후 20년 넘게 이곳에 머물면서 여러 저술
을 남기고 많은 제자들을 길러 냈다. 77세 때는 '노령산蘆嶺山 아래
하사에서 사는 사람'이라는 의미의 노사蘆沙라는 호를 스스로 짓기
도 했다.

　노문 3자蘆門三子라 일컫는 대곡 김석귀, 일신재 정의림, 노백헌 정
재규를 비롯해 손자인 송사松沙 기우만(1846~1916)의 학문이 그의
문하에서 익어 갔다. 면암 최익현이 대원군을 탄핵하다 반대파에 밀
려 제주도로 귀양 갔다가 돌아오던 1875년 4월에 기정진을 찾았던
곳도 하사리이다. 또 훗날 유명한 지사 시인이 된 매천 황현이 15세

의 어린 학동이던 때 기정진을 찾아와 학문을 물었던 곳도 이곳이다. 칠순이 넘은 노학자를 황현이 찾은 때는 1869년이다. 당시 기정진은 그에게 시 세 편을 지어 주었는데贈黃玹三首, 그중 한 편이다.

> 보배로운 소년이 행전도 안 치고 찾아오니
> 놀랍기도 하지만 걱정도 되는구나
> 쉽게 얻은 것은 잃기도 쉬운 것이니
> 연잎 위의 물방울 구슬 자세히 보라

천재적인 시인 황현의 모습을 보고, 재주만 믿고 경솔할까 걱정되어 경계의 시를 지어 준 것이다.

기정진은 이곳 하사리에서 살다가 마지막에는 고산리로 거처를 옮겨 머물다 별세했다. 궁핍 속에 병고에 시달리긴 했지만 82세까지 장수를 누렸다. 샘물처럼 솟는 학문적 의욕과 진리를 궁구하는 집요한 의지, 검소하고 절제된 삶 덕분이었을 것이다.

음식도 삶처럼 담백하게

현재 기정진의 6대 종손인 기호중 씨 부부는 광주에 살면서 수시로 서원을 오가며 관리하고 있다. 사실상 종택 역할을 하고 있는 서원 고직사庫直舍에서 종부가 제사 음식을 비롯해 종가 음식을 요리해 손님들에게 접대한다. 이 노사종가에는 병약한 체질의 기정진이 평소에 즐기던 시래기 붕어찜이 지금까지 전해지고 있다.

기정진은 평소 근처 황룡강 등지에서 잡아 온 붕어와 거처 주변의 가죽나무 잎, 무청 등을 넣고 푹 끓인 붕어찜을 즐겼다고 한다. 붕어 찜과 함께 주변의 죽순으로 만든 죽순나물도 즐겼다.

노사종가의 음식은 기정진의 삶처럼, 채소와 나물 위주로 아주 담 백하다. 종가에서는 지금도 손님상에 붕어찜을 비롯해 청국장, 집 장, 죽순나물, 현미로 만든 인절미 등을 올린다.

장성일목의 천재

기정진

노사 기정진은 소위 '천재'였다. 5~6세에 이미 글을 독해하고 지을 줄 알았으며, 7세 때 지은 〈하늘을 읊음〉詠天이라는 시는 사람들의 입에 오르내리는 작품이 되었다. 10여 세에는 경사經史와 제자백가서諸子百家書를 두루 통달하게 되니 주위 어른들도 함부로 이름을 부르지 않을 정도가 되었다.

이 무렵 청나라 사신이 괴상한 문장을 하나 가져와 시험에 들게 했다. '동해에 고기 한 마리가 있는데 머리가 없고 꼬리도 없으며 등뼈도 없다. 그림으로 그리면 둥글고 글씨를 쓰면 모가 난다. 용은 짧고 범은 길다龍短虎長. 이것이 무엇이냐'라는 것이었다.

왕이 문무백관들을 모아 놓고 문제를 풀어 보라고 했으나 제대로 풀이하는 사람이 없었다. 왕이 노심초사하고 있을 때, 신하 중 한 사람이 장성에 신동이 있다고 아뢰었다. 왕은 사람을 보내 기정진을 불러와 그 문장을 풀어 보라고 했다. 기정진은 즉석에서 풀이했다.

"고기 어魚자에 머리와 꼬리가 없으면 밭 전田자만 남고, 또다시 가운데 내려 긋는 척추 뼈가 없으면 오직 날 일日자만 남게 됩니다. 그리면 둥글고 글자로 쓰면 날 일자가 모가 난 글자이므로, 태양이라는 결론이 나옵니다. 그리고 용은 짧고 범은 길다는 것은 십이지十二支에 용은 진辰이고 범은 인寅이므로, 해가 동쪽 진방辰方에서 뜰 때는 겨울철이라서 낮 길이가 짧고, 인방寅方에서 해가 뜰 때는 여름철이라 낮 길이가 길다는 뜻으로 태양의 일조시간 장단을 말한 것이옵니다."

기정진의 명쾌한 풀이를 보자 왕은 무릎을 치며 크게 기뻐했다. 그리고 "장안의 수많은 눈이 장성의 한 개 눈보다 못하다"長安萬目不如長城一目라는 극찬의 말을 남겼다. 이 일로 기정진은 세상에 더욱 널리 알려지게 되었다. 기정진이 장성일목長城一目의 '일목'이라 불리게 된 것은 그가 여섯 살 때 천연두를 앓다가 왼쪽 눈을 실명했기 때문이다. 사람들은 그를 '일목문장'으로 부르기도 했다.

기정진은 또한 위정척사衛正斥邪의 논리를 설파한 최초의 상소를 올린 주인공이기도 하다. 69세 때인 1866년, 병인양요로 서양 군대가 강화도를 침범하면서 세상이 요동치자 기정진은 여섯 가지 시무책을 담은 '병인소'丙寅疏를 임금께 올린다. 외적과 싸우지 말고 화의를 이루자는 주장이 대세이던 때, 기정진은 전쟁을 위한 군비 강화책을 열거하며 나라 안에서는 정치를 제대로 하고, 나라 밖의 외적은 반드시 물리쳐야 한다는 위정척사론을 폈다. 조정에서는 기정진의 이 주장을 받아들여 외적을 물리치고, 그에게 공조참판이라는 벼슬을 내렸다. 병인소는 그의 이름을 천하에 알린 상소였다.

11

변하되 변치 않는 마음으로

죽염장
담양 양진제종가

양지 바른 곳에 옹기종기 모여 있는 항아리들을 보면 문득 고향에 대한 옛 추억을 떠오르는 사람들이 많을 것이다. 나는 그 추억 중 추운 겨울 메주 쑤는 날, 무쇠 솥에서 모락모락 새어 나오는 구수한 콩 익는 냄새가 너무나 좋았다. 먹을 것이 없던 시절에 할머니가 한 줌 쥐어 주는, 삶은 메주콩의 맛은 잊을 수가 없다. 따끈하고 구수한 그 맛.

콩으로 만드는 간장, 된장은 옛날 서민들의 중요한 단백질 공급원이자 음식 맛을 내는, 가장 기본이 되고 중요한 것이었다. 하지만 시대와 환경이 바뀌고 모든 면에서 많이 풍족해진 요즘, 전통 장醬은 가공 산업의 발달로 대량 생산되는 제품들로 인해 점점 사라져 가고 있다. 정성을 다해 메주를 만들어 장을 담그는 집은 찾아보기가 힘들게 되었다.

종가의 경우도 크게 다르지 않지만, 그래도 몇몇 종가는 그 전통 유지하고 있다. 그중에는 전통 방법을 더욱 발전시켜 특별한 전통 장을 대량으로 생산해 판매하는 종가가 있어 옛 맛을 그리워하는 사람들의 마음을 흡족하게 하고 있다.

담양군 창평면 유천리의 양진제 고세태종가가 그곳이다. 360여 년 지켜 온 가문의 전통 장을 계승·발전시켜 많은 사람들의 사랑을 받고 있는 가문이다. 제봉霽峰 고경명(1533~1592) 가문인 창평 고

장 담그는 항아리로 가득한 양진제종택 마당.

씨 양진제종가는 10대 선조 때부터 내려온 씨간장을 바탕으로 대나무 고장인 담양의 특성을 살린 죽염을 이용한 죽염장을 개발해, 전통 장을 좋아하는 사람들의 입맛을 사로잡고 있다.

360년 씨간장, 죽염과 만나다

죽염장은 고경명의 14대 후손 며느리이자, 고경명의 고손자인 고세태의 10대 종부 기순도 씨가 일궈 온 종가 음식이다. 기순도 씨는 아들이자 양진제종가 11대 종손인 고훈국 씨 부부와 함께 죽염을 이용해 간장을 비롯한 된장, 청국장, 고추장, 식혜 등을 대량 생산하여 판매하고 있다.

기순도 종부는 곡성군 죽곡면의 명문가 기씨 가문의 딸이다. 부유한 집안에서 자라 1972년 스물네 살 때 중매로 양진제종가의 며느리가 되어, 제사상과 시댁 어르신 생일상을 숱하게 차리며 시어머니에게서 장류를 비롯한 종가 음식을 배우게 된다.

동국대 불교학과를 졸업한 남편 고갑석 씨는 결혼 전부터 승려가 될 생각을 하고 있었다. 어느 스님의 상좌 생활을 하기도 했으나 종손이 승려가 되기란 어려울 수밖에 없었고, 가족들이 억지로 환속시켜 종택으로 다시 돌아오게 했다. 하지만 종손은 산으로, 들로만 나도는 생활을 했고, 사람들은 그를 '고도사'라 부르기도 했다.

"남편은 속세에는 뜻이 없었습니다. 마음이 항상 산속에 있는 사람이었습니다. 그렇지만 문중과 가족에 대한 사랑과 책임감은 잊지 않았습니다."

결혼하고 얼마 후, 종손은 부인인 기순도 종부를 불러 "나는 명이 짧으니 가족들이 살 만한 기반을 만들어 주고 산에 들어가겠다"고 말했다. 그는 처음에는 양봉을 시작했다가 나중에는 죽염을 굽기 시작했다. 종택 근처의 대나무에 부안에서 나는 천일염을 넣어 소나무 장작에 구웠더니 죽염에서 단맛이 감돌았다.

종부는 남편이 구운 죽염으로 간장, 된장을 담가 보았다. 장에서 감칠맛이 훨씬 더했다. 360여 년 이어 온 종가의 씨간장이 죽염을 만나 더욱 발전한 전통장으로 탄생해 사람들의 입맛을 사로잡기 시작한 출발점이었다.

담양 대나무와 부안 천일염으로 만드는 죽염장

양진제종가 종부가 죽염장을 만들기 시작한 것은 30여 년 전인 1985년이다. 대나무에 구운 죽염으로 만든 장류에 종부의 손맛이 더해지자, 각별한 감칠맛이 사람들의 입맛을 사로잡기 시작했다. 죽염장은 갈수록 생산량이 늘어 갔다.

이후 죽염장은 1992년 남편이 '고려기업'을 창업하면서 일반인에게 본격적으로 선보이게 되고, 1996년에는 정부의 전통 식품 업체로 등록되었다. 1999년 '고려전통식품'으로 상호가 변경됐고, 기순도 종부는 2008년에 한국전통식품명인 제35호(장류)로 지정되기도 했다.

양진제종가의 죽염간장. 왼쪽부터 청장, 중간장, 진장이다.

　현재 양진제종가에서 만들어 판매하고 있는 '기순도 전통장'은 간장과 된장을 비롯해 고추장, 청국장, 조청, 쌈장, 장아찌 등 다양하다. 처음에는 종부를 중심으로 식구들끼리만 하던 일이 어느새 직원이 20여 명에 이르는 기업으로 성장하더니, 서울의 유명 백화점 곳곳에도 매장을 운영하는 데 이른 것이다. 이제 장류를 담는 항아리도 1,000개로 늘어나고, 천일염도 1년에 40킬로그램짜리를 2,300가마씩 쓴다고 한다. 최근에는 최신식 대형 죽염로를 설치해 가동하고 있는데, 불을 지필 때는 소나무 장작을 사용하며 대나무는 종택 주변의 것들을 사용하고 있다. 종부의 아들과 딸은 식품공학을 전공해 장맛 유지와 생산, 관리를 좀 더 전문적으로 할 수 있도록 하는 큰 조력자가 되고 있다. 특히 맏아들인 고훈국 종손은 자신의 부친이 하던 죽염 제작을 맡아 하고 있다.

　그럼에도 변치 않는 것이 있다. 장은 꼭 1년에 한 번 담는다는 것이다. 동짓달 말날, 음력 11월의 오午 자가 들어간 날을 받아 메주를 만들어 한 달 정도 발효시킨다. 메주는 한옥 황토방 발효실에서 유기농 볏짚에 매달아 발효시킨다.

잘 뜬 메주는 정월(음력 1월)에 말날을 받아 죽염수와 함께 항아리에 넣어 다시 발효시킨다. 메주가 잘 발효되면 메주만 분리해 항아리에 담아 숙성시켜 된장으로 만들고, 메주가 우러난 죽염수는 분리해 항아리에 담아 간장으로 숙성시킨다.

이때 국산 콩, 지하 150미터에서 뽑아 올린 지하수, 담양 대나무와 서해안 천일염으로 만든 죽염을 사용한다. 발효는 전통 방식으로 옹기 항아리에 넣어 한다.

간장은 1년 된 청장, 3~4년 된 중간장, 5년 이상 된 진장으로 나뉘 판매한다. 오래될수록 색깔은 진해진다. 청장은 오이냉국이나 김밥, 묵채 등에 사용하고 진장은 갈비, 흰죽, 전복, 육포, 김부각 등에 사용한다.

양진제종가의 장류에서 중요한 점은 천일염이 아닌 죽염을 사용한다는 것이다. 기순도 종부는 설명한다.

"죽염을 사용하면 장이 덜 짜고 감칠맛은 더해집니다. 또 우리 죽염장은 일반 장과 달리 메주를 많이 사용하고 숙성 과정에서 간장을 많이 빼지 않아 된장 맛이 좋답니다."

간장은 종가 상차림의 중심

양진제종가의 상차림에서 가장 기본이자 중심이 된 것은 언제나 간장이었다.

"반드시 간장을 가장 먼저 상에 올려야 했습니다. 시집와서 간장을 놓지 않았던 적이 있곤 했는데, 시어머니께서 '새아가, 밥상에 간장이 빠졌구나. 어서 종지에 담아 오너라' 하고 매번 말씀하셨습니다. 그렇게 우리 밥상에는 언제나 간장이 가장 먼저 올랐습니다."

종부는 요즘도 여전히 장 담그는 일을 어려워하는 듯했다.

"장을 담글 때는 초상 난 집이 있어도 문상도 가지 않을 정도로 정성을 다하지만, 장 담그는 일은 지금도 여전히 자신할 수가 없네요. 복잡한 과정 중 한 가지만 잘못돼도 제맛을 못 내기 때문이죠."

종가의 이런 전통이 지금의 '기순도 전통장'이 있게 한 힘이 되었을 것이다.

1년에 천 명의 손님을 대접하는 집

경주 서백당종가

마을 전체가 문화재인 곳

경주 안강에 있는 양동마을은 월성 손씨와 여강 이씨 가문에 의해 형성된 유서 깊은 양반 마을이다. 15세기 중반 조선시대 문신文臣인 송재松齋 손소(1433~1484)가 양동으로 이주하고, 이번(1463~1500)이 손소의 딸에게 장가들어 이곳에 정착하면서 양성 씨족 마을의 틀이 갖추어졌다. 마을 대표 인물로는 조선 중기, 중앙 관직을 두루 역임 한 문신 손중돈孫仲暾과 문묘에 배향된 성리학자 이언적李彦迪이 있 다. 손중돈은 손소의 아들이다.

월성 손씨 대종가 종택인 서백당.

　마을 북쪽으로는 설창산이 있고, 앞으로는 양동천이 흐른다. 서쪽
산 너머에는 양동마을의 경제적 토대였던 안강평야가 넓게 펼쳐져
있다. 마을은 하촌과 상촌, 남촌과 북촌의 네 영역으로 나뉘어져 있
다. 지형적인 특성으로 인해 마을 바깥에서는 마을의 전체적인 규모
나 모습을 짐작하기 어렵다. 마을 북쪽에 위치한 설창산의 산줄기가
물勿 자 모양으로 내려와 능선을 이루고, 능선이 이루는 세 골짜기
를 중심으로 주거지가 형성되어 있다. 손씨와 이씨 가문은 각각 서
로 다른 골짜기에 자신들의 종가와 서당, 정자 건물을 두고 있다. 신
분의 차이에 따라 지형이 높은 곳에 양반 가옥이 위치하고 낮은 곳
에 외거 하인들의 주택이 양반 가옥을 에워싸듯 형성된 모습이다.

아름다운 자연 환경 속에 수백 년 된 기와집과 나지막한 돌담길이 이어지는 마을인 데다 전통 문화를 그대로 간직하고 있어서 1984년에는 마을 전체가 중요민속자료로 지정되었고, 2010년에는 안동 하회마을과 함께 유네스코 세계문화유산으로 등재되었다.

양동마을의 월성 손씨 종택이 바로 서백당書百堂으로, 손소가 처음 지은 집이다. '서백'은 '참을 인'忍 자를 100번 쓴다는 의미이다. 서백당이 자리한 곳은 언덕의 경사를 이용해 양편에서 곡선을 그리면서 올라오는 길을 만들고, 두 길이 맞닿는 언덕 위에 대문채가 서 있다. 대문에 들어서면 사랑채 기단과 누마루가 바로 눈앞에 들어온다. 사랑채 앞마당으로 눈을 돌리면 거대한 향나무가 있어 넋을 놓고 바라보게 만든다.

예전에도 그랬겠지만, 요즘도 많은 사람들이 이 서백당을 찾고 있다. 멋진 고택의 풍광은 물론, 월성 손씨 가문의 오랜 역사와 문화적 전통, 각별한 음식 문화 등을 느끼고 공부하기 위해 국내외의 많은 인사들이 찾고 있다. 양동마을이 세계문화유산으로 등재되고 나서는 일반 관광객들의 수도 훨씬 늘어났다. 1992년 영국 찰스 황태자가 이곳을 방문했고, 2011년에는 유네스코 사무총장 일행이 찾아와 종가 음식을 대접받기도 했다.

현재 서백당은 종손 손성훈 부부가 대구를 오가며 지키고 있다. 이 종가에는 오늘날에도 그 빛을 발하고 있는 전통 종가 음식이 있는데, 바로 대추로 만드는 조란棗卵이다.

후손들이 농사지은 대추로 만들다

조란은 대추를 쪄서 대추 살만 추려 내 곱게 다져 꿀과 계핏가루를 섞어 조린 다음, 다시 대추 모양으로 빚어 통잣을 꽂아 장식한 음식이다. 여러 종가에 내려오는 전통 음식 중 하나로서, 다식이나 술안주, 간식거리 등으로 사용한다. 조란의 란卵은 열매를 익힌 뒤 으깨어 설탕이나 꿀에 조려 다시 원재료의 모양대로 빚은 것으로, 조란과 함께 밤으로 만드는 율란이 란의 대표격이다.

서백당은 이 조란을 지금도 아주 유용하게 활용하고 있다. 종가를 찾는 수많은 손님들에게 내놓는 다과상 상차림의 주 메뉴가 바로 이 조란이다.

보기 드문 전통 종가 음식이라는 점도 각별하지만, 무엇보다 조란이 탄생하는 과정이 특별해서 의미를 더한다. 대추는 시장에서 구입하는 것이 아니다. 밀양의 손씨 일가 후손들이 농사짓는 대추나무에서 수확한 것을 추렴해 가져다 쓴다. 매년 가을이면 종가의 지손支孫 일가 40여 가구에서 각기 수확한 대추를 조금씩 내놓아 모은 것을 가져다주는데, 한 가마니 정도 된다고 한다.

이렇게 보내 온 대추는 불천위 제사와 묘사 등 제사에 쓰고, 나머지는 조란으로 만들어 종가를 찾는 손님들을 대접하는 데 쓴다. 조원길 종부의 말로는, 조란을 맛보고 가는 손님들이 1년에 천 명 정도 될 것이라고 한다.

서백당 조란은 물에 불린 대추를 생강과 함께 넣어 끓인다. 그리고 도마에 면포를 깔고 잣을 골고루 다진다. 삶은 대추는 면포에 싼 뒤 빨래를 짜듯 과육을 꼭 쥐어짠다. 과육에 소금 간을 살짝 하고서, 계핏가루를 넣고 약한 불로 졸여 굳히면 대추 반죽이 된다. 반죽을 떼어 안에 잣을 서너 알 넣고 대추 모양으로 작게 뭉친 뒤, 잣을 박고 다진 잣가루에 굴려 완성한다.

대추는 꽃 한 송이에 반드시 열매 하나를 맺고서야 떨어지는 성질을 지니고 있다. 아무리 비바람이 쳐도 꽃으로만 피었다가 지는 대추 꽃은 없다고 한다. 이런 속성을 지닌 대추라서 반드시 자식을 낳아 대를 이어 가기를 바라는 마음을 담아 자손 번창을 기원하고, 또한 어려움을 이겨 낸 자식일수록 훌륭한 인물이 된다는 가르침을 본받고자 하는 뜻에서 제사상에 올린다.

서백당은 음식에 취미가 있는 종부 덕분에, 조란을 비롯한 여러 가지 귀한 음식을 손님들에게 대접하여 감동을 주고 추억을 만들어 가게 하고 있다.

서백당을 찾은 날, 마침 서백당 사당 앞의 매화가 피기 시작했더랬다. 종부가 매화 몇 송이를 따와 매화차를 내놓았다. 조란, 율란, 과일과 함께 맛보는 매화차가 각별했다.

대구포 보푸라기, 문어장아찌 등 제사 음식을 이용한 음식들

손성훈 종손과 조원길 종부는 종가 음식이라고 해서 특별할 것은 없다고 했다. 그 지역에서 나는 재료를 사용해 만들게 되며, 다만 제사가 많으니 제사를 지내고 난 뒤 남는 음식을 이용해 만들면서 생

서백당 조란.

겨난 음식들이 종가 음식의 특징인 정도라는 것이다.

제사 음식을 이용한 서백당의 음식으로 대구포 보푸라기를 대표적으로 꼽을 수 있다. 대구포를 토막 내 물에 충분히 불리며 짠맛을 없애고, 찜통에 푹 쪄서 살이 익어 부드러워지면 면포에 싸서 방망이로 자근자근 두드린다. 그러면 불면 날아갈 정도의 솜털 같은 보푸라기로 변한다. 여기에다 설탕과 참기름, 통잣을 넣어 무쳐 낸다. 사르르 녹는다. 안주나 밑반찬으로 그만이다. 종부가 시조모에게 배워 시어른이 살아 계실 때 항상 상에 올렸고, 지금도 만들어 내는 음식이다. 대구포조림, 대구해물신선로, 미역국 등 대구포를 이용한 음식이 20여 가지나 된다고 한다.

문어장아찌도 수백 년 전부터 전해 오고 있는 내림음식이다. 제사상에 오른 문어를 물에 담가 놓았다가 문어 맛이 우러난 육수 고추장에 박아 둔다. 물렁해지면 꿀, 조청, 참기름을 넣고 무쳐 낸다. 불천위 제사상에 올랐던 소고기는 쪄서 두었다가 육포로 만들어 주안상에 내놓는다.

제사 음식으로 화전을 올리는 것도 눈길을 끈다. 봄에는 진달래꽃 화전을, 여름에는 종택에 있는 배롱나무꽃을 따다 화전을 부친다.

조란

113

13

보따리에 품고
독립운동가들에게 나눠 준 그 맛

망개떡
의령 백산종가

경남 의령군 부림면 입산리는 탐진 안씨 마을이다. 탐진 안씨 가문 인물 중 근세 인물로는 백산白山 안희제(1885~1943)가 우뚝하다.

독립운동가인 안희제는 어려서부터 한학을 공부했다. 영민했던 그는 배우는 것을 쉽게 터득하고 문장에도 뛰어났으며 붓글씨도 매우 빼어났다. 하지만 1905년 을사조약이 체결되자 안희제는 집안 어른들에게 신학문을 익힐 뜻을 밝혔다.

"옛날 서적을 읽고 실행하지 않는다면 도리어 모르는 것만 못합니다. 시대에 맞지 않는 학문은 오히려 나라를 해치는 것이니, 경성으로 올라가 지금 세상에 맞는 학문을 배우겠습니다."

의령 백산종가
먹치레

그는 풍전등화 같은 조국의 상황을 헤아려 과감하게 신학문을 받아들였다. 양정의숙養正義塾에 재학하던 중 교남교육회嶠南教育會를 창립, 형편이 어려운 지방 학생들에게 학비를 지원하면서 배움의 기회를 갖도록 해 주었다. 또한 1909년에는 영남의 젊은 청년들을 주축으로 대동청년당을 결성했다. 이 조직은 해방될 때까지도 실체가 밝혀지지 않은 비밀 결사 단체였다.

독립운동 자금의 반 이상을 마련하다

1911년 봄, 안희제는 러시아 블라디보스토크로 망명한 뒤 만주와 시베리아를 유랑하면서 독립 투쟁의 처절한 현장을 보고는 독립을 위한 싸움도 결국 경제적 뒷받침이 있어야만 가능하다는 사실을 깨닫고 귀국한다. 그 후 1914년 독립운동 자금 마련을 위해 동지들과 함께 부산에 백산상회白山商會를 세운다. 일제의 감시와 탄압을 피하고 비밀리에 국내외 독립운동 세력과 연락망을 구축해 각종 정보와 독립운동 자금을 전달하려는 의도였다.

1919년 1월, 파리강화회의가 열리자 독립운동 봉기를 촉구하기 위해 상하이 신한청년당이 국내에 파견한 밀사 김순애가 찾은 곳도, 도쿄 2·8학생독립운동을 국내에 전파하기 위해 김마리아가 찾은 곳도 바로 백산상회였다.

백범 김구가 "상해임시정부와 만주 독립운동 자금의 6할이 백산의 손을 통해 나왔다"라고 했을 정도니, 백산의 자금 동원력은 대

독립운동가 안희제.
© 독립기념관

단했던 모양이다. 하지만 이를 눈치챈 일제의 탄압으로 백산상회는
1927년 문을 닫게 된다.

안희제는 언론에도 관심을 가져 1920년 4월 〈동아일보〉 창립 발
기인으로 참여하고 〈동아일보〉 부산지국장으로 활동했으며, 최남선
이 창간한 〈시대일보〉를 인수해 〈중외일보〉로 변경하여 항일 투쟁
을 지원하기도 했다. 그러다 1943년 8월 일본 경찰의 혹독한 고문
으로 인한 후유증으로 별세한다.

동지들에게 줄 망개떡 보따리

입산리에는 안희제가 태어난 생가인 백산고택이 남아 있다. 은초

정은수가 쓴 '백산고택'白山古宅이라는 편액이 달린 백산종택의 장독대에는 지금도 안경란 씨가 망개떡을 만들기 위해 망개잎을 따 소금에 절여 놓은 대형 독들이 보인다. 백산 안희제가 평소 좋아했고, 또한 독립운동을 하던 동지들에게도 많이 나눠 주었던 망개떡. 백산 종가의 이 망개떡은 현재 안희제의 손녀인 안경란 씨가 대를 이어 만들고 있다.

"할머니한테서 백산 할아버지가 망개떡을 참 좋아하셨다는 말씀을 듣곤 했습니다. 독립운동 하시느라 집에 계실 때가 잘 없었고 가끔 한 번씩 집에 들르셨는데, 다시 집을 나서실 때는 망개떡을 비롯해 많은 떡을 보자기에 싸 가지고 가셨다고 합니다. 독립운동을 함께하던 동지들에게 나눠 주기 위해서였지요."

일흔일곱 살의 안경란 씨는 기억을 더듬었다.

"효심이 남달랐던 할아버지는 한 번씩 집에 들르시면 당신의 어머니 방에 들어가 오랫동안 이야기를 나누셨는데, 한창 젊었던 할머니로서는 잠시 있다가 떠날 남편이 시어머니 방에서 시간을 많이 보내는 것이 매우 섭섭하셨던지 당시의 심정을 가끔 들려주기도 하셨습니다."

안희제는 집을 떠날 때 항상 떡을 한 보따리씩 들고 나갔는데, 떡의 종류가 많았다고 한다. 망개잎과 함께 뽕잎으로 싼 떡도 있었지만 안희제는 망개떡을 특히나 좋아했다는 것이다.

망개떡은 경상도 지역에서 '망개'라 부르는 청미래 잎으로 감싸서 만드는 떡이어서 그렇게 불린다. 멥쌀 반죽에 팥소를 넣어 만든 떡을 망개잎으로 싸서 완성한다. 여기서 망개잎은 방부제 역할을 해,

망개떡

경남 의령 백산종가의 망개떡.

안경란 씨가 열어 보인 종택 장독대 항아리에는 소금에 절여 놓은 망개잎이 한가득이었다.

떡이 오랫동안 상하지 않게 하고 떡을 촉촉하게 유지해 준다. 무엇보다 망개잎의 독특한 향이 맛을 한결 좋아지게 한다. 망개잎에는 또 다른 효능도 있다. 열을 내리고 독을 푸는 데 유용하다는 점이다. 또한 땀을 잘 나게 하고 소변을 잘 보게끔 도와준다.

안 씨가 종택 장독대 뚜껑을 열어 주어 망개잎을 볼 수 있었다. 커다란 항아리 두 개에 소금에 절여 둔 잎사귀가 수북이 들어 있었다.

쌀로 만드는 망개떡은 지금이야 대중적인 떡이지만, 옛날 가난한 서민들은 쉽게 만들어 먹을 수 없었다. 망개떡은 망개잎을 딸 수 있는 여름 한철 만들어 먹을 수 있는 별미였다.

지금은 망개떡을 1년 내내 만든다. 여름과 가을에 주변 산에서 망개잎을 채취해, 소금에 절여 보관하면서 다음 해까지 필요할 때마다 조금씩 꺼내 깨끗하게 씻어 소금물을 빼낸 뒤 솥에 넣어 한 번 쪄서 사용한다. 떡피는 멥쌀로 만든다. 팥소는 방부제 같은 첨가물 없이 순수한 팥 앙금만 쓰기 때문에 떡은 그날그날 만들어 소비한다.

이바지 음식이기도 했던 망개떡

망개떡의 유래와 관련해서 몇 가지 전하는 이야기가 있다.

먼저 임진왜란 의병들의 음식이었다는 이야기가 있다. 1592년 임진왜란 때 곽재우 장군이 의령에서 의병을 일으킬 당시 의병들은 주로 주먹밥으로 주린 배를 채웠다. 하지만 더운 여름날에는 밥이 자주 상하기도 했는데, 그때 떠올린 것이 망개잎이었다. 망개잎이 방부제 역할을 하는 사실을 알고 있었던 것이다. 그래서 여인들은 망개잎을 구해다 주먹밥을 싸기 시작했다. 그때 곽재우 장군 부인은 밥이 아니라 떡을 망개잎에 싸서 의병들의 허기를 달래도록 했다. 이것이 망개떡의 시초라는 것이다. 하지만 이 이야기는 근거 있는 이야기는 아니다. 백산 안희제의 독립운동 당시 망개떡 이야기를 임진왜란 당시 의병에까지 연결시켜 각색한 것이라는 지적도 있다.

이와 함께 '가야 이바지 음식' 이야기도 전한다. 백제 어느 귀족이 사냥에 나섰다가 길을 잃어 가야 땅까지 흘러갔다. 말에서 떨어져 사경을 헤매고 있을 때 산삼 캐는 남자를 만나게 되었다. 그 남자 집에서 건강을 추스르는 동안 그 집 딸에게 마음을 빼앗긴 귀족은 훗날 백제로 돌아온 뒤 그 여인에게 혼인을 청했고, 여인은 망개잎에 싼 망개떡을 혼인 음식으로 가지고 갔다는 이야기다.

의령의 특산물로 자리매김하다

생전 안희제가 동지들을 생각하며 품고 가서 나누던 망개떡은 손녀를 통해 '설뫼 망개떡'이란 이름으로 전해지고 있다. 안경란 씨는 1990년대 중반 할아버지의 호를 따 '의령백산식품'을 설립했다. 현재 의령에는 안경란 씨의 의령백산식품을 비롯해 남산떡방앗간(대표 임영배), 부림떡전문점(대표 구인서) 등에서 망개떡을 만들어 판매한다. 업체들은 한입에 쏙 들어가는 떡을 만들고자 무게를 개당 30~35그램으로 유지하고 있다. 떡 모양은 빚는 방법에 따라 다르

망개떡

다. 네 모서리를 각각 접기도 하고, 돌돌 말기도 한다. 씹히는 맛은 같다. 모두 멥쌀로 만들기 때문이다.

의령 망개떡이 전국에 본격적으로 알려진 것은 그리 오래되지 않았다. 10년 남짓 된다. 의령군은 2008년 의령망개떡협의회와 함께 지리적 표시제 등록 추진 계획을 수립하고 연구 용역 등을 통해 꾸준히 준비해 2011년 의령 망개떡을 지리적 표시제 제74호로 등록했다. 이렇게 망개떡은 의령의 대표 특산물 중 하나로 자리 잡고 있다. 소바, 소고기국밥과 함께 의령의 3대 먹거리에 이름을 올리고 있는 음식이다.

14

배고픈 사람은 누구든
우리 집 쌀을 퍼 가시오

구례 류이주종가

간장

전남 구례군 토지면 오미리에 유명한 고택 운조루雲鳥樓가 있다. 낙안군수를 지낸 대구 출신의 무관 류이주(1726~1797)가 처음 건립한 고택이다. 뒤로는 지리산 남쪽 자락이 둘러져 있고, 앞으로는 넓은 들판이 펼쳐져 있다. 들판 너머로는 멀리 섬진강이 흐른다. 풍수 전문가가 아니더라도 살기 좋고 풍광도 좋은 명당임을 알 수 있다.

류이주종가의 9대 종부 이길순 씨가 지키고 있는 운조루는 현재는 70여 칸이지만 원래 99칸으로 지어진 대저택이다. 운조루 주변 지역에 한옥 펜션 등이 많이 들어섰지만, 250년 된 고택 운조루가 선사하는 분위기는 어디서도 느낄 수 없다. 오래된 고택만이 지닌

간장

운조루 안채 마당의 장독대.
운조루 간장은 메주를 많이 써서 맛이 특히 달다는 것이 종부의 설명이다.

기운과 아름다움이 각별하기 때문이다.

운조루는 종부가 지키고 있다. 직접 입장료를 받고 고택 설명도 하면서 손수 담근 간장과 된장, 제철 농산물 등을 판매하기도 한다. 큰 고택을 어렵게 지키고 있는 듯했다. 과거와는 달라진 현대적인 환경 속에서 유지되고 있는 많은 종가 고택의 모습이기도 하다.

운조루 종가 음식도 이렇게 고택을 지키는 종부의 손길로 기본적인 것들만 겨우 유지되고 있다. 대가족이 함께 살고, 주변에 친척들이 함께할 때는 종가만의 음식을 제대로 만들 수 있었지만, 지금은 연로한 종부가 꾸려 가고 있다 보니 간장과 된장 등 기본적인 음식만 시어머니에게서 배운 대로 유지하면서 종가의 음식 문화를 이어가고 있다.

이른 봄 운조루를 찾아 종부에게 종가 음식에 대해 물었으나, 종부는 이야기할 만한 게 없으며 일반 농민들이 먹는 것과 다른 게 없다고 말했다. 다만 간장과 된장은 예전 시어머니에게서 배운 대로 정성을 다해 담고 있다고 했다.

"해마다 간장을 담그는데 올해는 조금 늦었습니다. 우리는 씨간장을 쓰지 않고 해마다 햇간장을 담급니다. 객지에 사는 자식들한테 나눠 주고, 또 손님도 적지 않은 편이어서 장을 많이 담그는데, 메주를 많이 써서 우리 집 간장과 된장은 더 답니다."

된장을 한 통 싸서 맛을 보니 실제 맛이 매우 좋았다. 금방 지은 밥과 함께 반찬으로 먹어 보고 싶다는 생각이 들기도 했다. 간장 역시 달고 맛있었다.

이런 간장과 된장을 기본으로 해서 제철 채소나 곡식으로 다양한 음식을 만들어 내는 시골 밥상이 운조루 종가 음식이다. 평범한 촌로의 모습인 종부와 잘 어울리는 음식이라는 생각이 들었다.

누구라도 퍼 갈 수 있게 한 뒤주, 타인능해

운조루에는 '누구나 열 수 있다'라는 의미의 타인능해他人能解라는 문구를 써 놓은 쌀뒤주가 하나 전하고 있다. 류이주가 '누구라도 그 날 필요한 만큼의 쌀을 자유롭게 가져가게 해 배고픔을 없애겠다'는 마음으로 마련한 것이다. 류이주는 쌀 두 가마니가 들어가는 이 뒤주를 항상 채워 두었다.

처음에는 류이주의 마음을 믿지 못한 동네 사람들이 욕심을 내 많은 양의 쌀을 가져갔지만, 매일같이 다시 쌀이 차 있는 것을 확인하

가난한 이웃 사람들이 마음대로 쌀을 퍼 갈 수 있게 마련해 두었던 타인능해 뒤주.

면서 배고픔을 걱정하지 않아도 될 만큼의 쌀만을 가져갔다.

류이주의 후손들 역시 그의 뜻을 이어 가며 가진 자로서의 노블레스 오블리주를 모범적으로 실천했다. 덕분에 동학혁명과 한국전쟁 당시에도 운조루는 무사할 수 있었다.

운조루는 또 굴뚝이 매우 낮은 것이 눈길을 끈다. 운조루에는 높이 쌓아 올린 멋들어진 굴뚝이 없다. 굴뚝은 전혀 예상치도 못한 곳에, 눈에 잘 띄지도 않게 숨어 있다. 밥 짓는 연기가 멀리 퍼지는 것을 막고자 함이었다. 끼니를 거르는 사람들이 이 집의 굴뚝 연기를 보면서 소외감을 느끼지 않도록 배려한 것이라고 한다. 굴뚝이 높아야 연기가 잘 빠진다는 것을 집주인이나 목수가 몰랐을 리 없다.

간장

구름과 새가 머무는 운조루를 구상하다

류이주

　대구에서 태어난 류이주는 17세에 서울로 올라가서, 1753년(영조 29년) 28세에 무과에 급제했다. 1767년 수어청 파총(종4품의 무관직)이 되어 남한산성을 쌓는 일에 동원되었다. 1773년에 낙안의 세선(稅船: 나라에 바치는 곡식을 실어 나르는 배)이 부서져 조세가 제때 올라오지 못하자, 영조는 당시 낙안군수였던 류이주를 세미(稅米: 조세로 나라에 바치던 쌀) 이외의 다른 물품들을 함께 실어 배를 파손시켰다는 죄로 삼수로 유배시켰다.

　이듬해 풀려난 그는 가족을 거느리고 전라남도 구례군 문척면 월평으로 갔다가 다시 토지면 오미리로 이주했다. 그가 이주한 땅은 재령 이씨 일가 소유로, 돌이 많고 척박했으나 풍수지리상으로 볼 때 미녀가 금가락지를 떨어뜨린 형상의 명당으로 알려진 곳이었다. 금환락지를 찾아 집을 지으면 자손 대대로 부귀와 영화를 누릴 수 있다는 말이 오래전부터 전해 내려왔다. 류이주는 이곳에 정착하기

로 결심하고, 조선시대의 대표적인 양반 주택으로 평가받는 운조루
雲鳥樓를 구상했다.

'운조루'라는 당호는 도연명의 시 '귀거래사'歸去來辭 중 "구름은
무심히 산골짜기에 피어오르고 雲無心以出岫, 새는 날기에 지쳐 둥우
리로 돌아올 줄 아네鳥倦飛而知還"라는 구절의 첫머리 두 글자를 따
와 정했다고 한다. 운조루는 '구름 위를 나는 새가 사는 빼어난 집'
이라는 뜻으로도 해석된다.

1776년 정조가 등극하면서 류이주는 가선대부 오위장으로 관직
에 복귀하고 함흥성을 쌓는 업무를 맡았다. 이후 상주영장을 거쳐
풍천부사로 전직되었다. 류이주가 직접 설계한 운조루는 1776년 9
월에 상량식을 가졌고, 1782년 용천부사로 있을 때 완성했다. 운조
루 건축을 시작한 후 함흥으로 발령이 났을 때에도 공사 마무리를
위해 축지법을 써서 하룻밤 사이에 천 리 길을 오가며 작업을 독려
했다는 이야기도 전한다. 긴 공사 끝에 마침내 99칸의 대저택이 완
성되자 류이주는 일가친척들을 모아 함께 살았다.

'운조루'라는 당호가 있는 사랑채를 비롯해 안채, 사당, 행랑채 등
으로 이뤄진 이 고택은 중요민속자료 제8호로 지정되어 있다.

15

나도 모르게 숟가락이 가네

문어수란채국

밀양 손성증종가

소문난 만석꾼 집안

경남 밀양의 밀양향교 아래에는 멋진 한옥 고택들이 수십 채 모여 있어 눈길을 끈다. 이곳은 오랫동안 밀양의 터줏대감 역할을 해 온 밀성(밀양) 손씨 집성촌이다. 현재 20여 가구가 남아 있지만, 예전에는 100가구가 넘는 손씨들이 세를 과시하며 살았다.

이곳 한옥들 중에서도 밀양향교 바로 앞에 있는 인묵재忍默齋 손성증(1776~?) 종가의 고택이 중심 건물이다. 오랜 역사의 큰 마을에 가 보면 대개 '교동'이라는 동네 이름을 만날 수 있는데 교동은 '향교가 있는 마을'을 가리키는 지명이다. 향교 주변에는 대체로 반가가 모여 살기 마련이다. 주변에 좋은 한옥들이 많이 남아 있는 것도 그런 까닭이다.

인묵재종택도 밀양 교동의 밀양향교 바로 아래에 자리하고 있다. 이곳에서 가장 큰 규모인 이 고택은 인묵재 손성증이 처음 지은 한옥이다. 문화재(경남문화재자료 제161호)로 지정된 이 고택은 100칸이 넘는 화려한 대저택으로, '열두 대문 고대광실'로 소문났던 만석꾼 집이었다. 최근 조사해 보니 실제 102칸 저택으로 확인됐다는 이 종택은 "배부르면 손 부잣집 부럽지 않다"라는 말이 있을 정도의 세도가가 살던 공간이다. 조선 후기 건축을 잘 보여 주는 건물인 인묵재종택은 1935년 불이 나 정침과 사랑채를 제외한 모든 건물이 불에 탔으나 여러 해를 두고 지금과 같이 재건됐다.

인묵재종택은 예전에는 대문이 12개나 됐는데, 지금은 9개가 보존되고 있다. 솟을대문을 지나 안으로 들어가면 다시 중문이 나오고 그 중문 너머 사랑채가 있다. 사랑채는 큰 사랑과 작은 사랑으로 구성돼 있다. 사랑채가 이렇게 나뉘어 있는 경우도 드물다.

중심 건물이라 할 수 있는 큰 사랑채에는 몽맹헌夢孟軒이라는 당호의 현판이 걸려 있다. 이 당호는 손중배 씨의 고조부(손창민)가 꿈에서 맹자를 보았다고 해서 붙인 이름이라고 한다. 고조부는 안동 도산서원장을 지냈다.

정면 6칸 규모이고 누마루가 있는 구조인 큰 사랑채는 1900년경에 손영돈이 지은 것으로, 미국과 일본 등 6개국 건축가들이 모여 근대 공법을 사용해 지은 건물이다. 매우 독특하고 이색적이다. 바

손성증종택의 사랑채인 몽맹헌.
1900년경 근대 공법을 사용해 지은 건물이다.

깥문에 유리창을 댄 것, 화장실과 목욕탕을 건물 안에 둔 것, 당시 사가에서는 허용되지 않던 둥근 기둥을 사용한 것 등이 눈길을 끈다. 둥근 원주를 세울 수 있었던 것은 왕가의 며느리를 둔 덕분이었다고 한다. 사랑채 기둥에는 석촌 윤용구의 글씨로 된 주련이 걸려 있어 건물이 품격을 더한다.

넓은 사랑채 마당을 지나면 또 하나의 중문이 나온다. 이 문으로 들어서면 안채를 비롯해 창고와 행랑채, 찬간 등이 자리한 'ㅁ'자 건물이 있다. 안채 왼쪽에 사당이 있다.

안채의 옛 부엌은 지난날 가문의 부엌살림 규모를 대변하듯 규모가 상당하다. 외벽에는 부엌의 온도와 습도를 조절하기 위해 낸 창살과 작은 창이 멋스럽다. 부엌 옆에는 찬방이 달려 있다. 안채 뒤쪽으로는 옛 장독대 자리가 남아 있다. 이 집 사랑채와 안채에는 큰 곳간들이 여러 개 있어 만석꾼이라는 말이 실감 나게 한다.

왕족 며느리가 전수한 궁중 음식

이 손성증종가에도 오래전부터 전해 내려오는 음식과 술이 있다. 그 대표적인 것이 문어수란채국과 교동방문주다. 이 종가의 종택은 인목재의 11대 종부 강정희(91) 씨와 종부의 차남 손중배 씨가 살면서 한정식집 '열두대문 한정식'을 운영하고 있다.

손성증종가의 문어수란채국은 왕족이던 전주 이씨 가문에서 시집 온 5대 종부가 전수했다는 궁중 요리라고 한다. 수란과 문어가 들어

문어수란채국

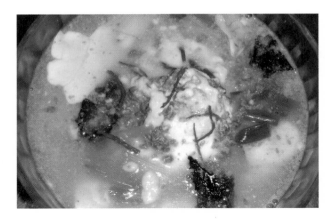

손성중종가의 대표적 내림음식인 문어수란채국.

국물을 붓기 전의 모습.

간 찬 전채 요리다. 여기서 수란水卵이란 물속에서 살짝 익힌 달걀을 말한다. 달걀흰자에 얇은 막이 형성되고 안의 노른자는 부드러운 반숙으로 익혀진 모습이다.

문어수란채국은 시원하게 먹는 여름 음식으로 식초의 시큼함과 약간의 단맛, 부드러운 달걀 맛과 문어의 씹는 맛이 어우러진 밀성 손씨 집안의 대표적인 입맛 돋음 음식이다. 만드는 과정은, 우선 수란을 만들어 차가운 물에 담가 식혀 둔다. 문어는 삶아서 얇게 썰어 설탕, 식초, 간장, 깨소금, 참기름, 다진 잣과 함께 넣고 섞어 30분 이상 담가 둔다. 문어에 간이 배면 냉수를 부어 간을 맞춘 뒤 차가워진 수란을 넣고 실고추, 석이버섯, 다진 쇠고기 볶은 것을 고명으로 얹는다. 국물은 잣즙으로 낸다.

뽀얀 국물이 낯설어 보이지만 먹어 보면 새콤달콤하면서도 잣국물의 고소한 뒷맛이 현대인들의 입맛에도 잘 맞다. 처음에는 잣기름이 둥둥 떠 있어 썩 내키지 않아 하다가, 맛을 보면 맛이 좋아 계속 숟가락이 가게 된다는 것이 손중배 씨의 설명이다.

많은 음식 중에서 이 문어수란채국만은 아직도 강정희 노종부가 직접 만든다고 한다. 시간이 많이 필요한 음식이지만, 다른 사람이 하면 제맛이 나지 않아 노종부가 직접 요리한다는 설명이다. 다른 곳에서는 접하기 어려운 별미 음식이다.

손성증종가는 2006년경 강정희 노종부가 홀로 종택을 지켜야 하는 상황이 되면서, 당시 서울에서 살던 차남 손중배 씨 부부가 종택으로 내려와 한정식 식당으로 개업해 종택을 경영하기 시작했다. 부인은 4년 정도 하다가 다시 서울로 가고, 그 이후 노종부와 손중배 씨가 식당을 운영하며 고택을 지키고 있다. 반가의 칠첩반상 등 종가의 특별한 음식에 현대인들이 좋아할 만한 요리를 곁들여 코스 요리를 내놓고 있는데, 문어수란채국, 황태 보푸라기, 약장 등이 칠첩반상에 오르는 종가 음식들이다. 약장은 다진 소고기에 불고기 양념을 얹어 얇게 펴서 간장으로 조린 음식으로, 명절이나 특별한 날 소를 잡아 장만하던 반찬이다.

찹쌀과 누룩만으로 빚는 황금주

손성증종가에서 빚어 온 가양주는 교동방문주校洞方文酒다. 이 교동방문주는 손성증종가뿐 아니라 밀양 교동의 다른 손씨 집안에서도 빚어 온 술이지만, 이 종가의 방문주가 대표적이다.

교동방문주는 찹쌀과 밀 누룩 그리고 물만으로 빚어 추석이 지난 다음 담근다. 찹쌀 한 가마에 누룩 여섯 포를 사용해 술을 담그면 120병 정도가 나온다고 한다. 특히 10대 종부의 술 빚는 솜씨가 좋아 당시 이 종가의 방문주는 인기가 높았다. 한때 방문주를 상품화해 보라는 주위의 권유도 있고 해서 시도를 해 봤으나, 발효주라서 장기 보관과 유통이 어렵다는 점 때문에 포기했다고 한다.

이 교동방문주는 찹쌀 죽을 끓여 누룩가루와 버무리고, 고슬고슬하게 지은 찹쌀밥을 섞어 발효시킨다. 16도 온도를 유지하면서 한 달 정도 발효시켜 거른 다음 다시 냉장 상태에서 두 달 정도 숙성시킨다. 이렇게 해서 100일 정도 후면 맛있고 탐스러운 황금 빛깔의

술 재료를 한데 섞는 모습.

용수를 박아 발효된 술을 거르고 있는 모습.

교동방문주가 완성된다.

　밀양시 교동의 밀성 손씨 가문에서 담근다 하여 '교동방문주'라 하며, 색깔이 황금빛과 같다 하여 '황금주'라고도 불린다. 찹쌀로 빚어 점도가 높고 단맛도 돈다. 알코올 도수는 10~12도 정도가 보통이지만, 16도까지 올라가기도 한다.

16

음식 경전《음식디미방》을 쓴 여중군자

영양 석계종가

도토리죽

성인으로 존경받는 사람이라 하여 우리와 같은 세상에서 살아가는 사람이 아니고 보통 사람과 아주 다르며 유별나게 뛰어난 일을 한다면, 우리가 참으로 따라갈 수가 없을 것이다. 하지만 성인의 생김새와 말은 처음부터 보통 사람과 똑같으며 성인의 행동 또한 모두 사람으로서의 도리를 늘 하는 것이라면, 사람들이 성인을 배우려고 하지 않는 것을 근심할 일이지 진실로 성인을 배운다면 무엇이 어려운 일이겠는가.

나는 세상 사람들이 물욕으로써 의리를 해치는 일을 매우 근심하고 있다. 의리는 소중한 것이고 물욕은 가벼운 것인데 어찌 소중한 의리를 버리

도토리죽

면서 가벼운 물욕을 취할 수 있겠느냐.

　너희들이 비록 글을 잘 짓는다는 명성이 있지만, 나는 그 일을 귀중하게 여기지 않는다. 다만 너희들이 선행을 한다는 말을 듣는다면 나는 기뻐하면서 잊지 않을 것이다.

　석계石溪 이시명(1590~1674)의 부인으로, 여중군자女中君子라고 불리던 장계향(1598~1680)이 자식들에게 늘 강조했던 말이다. 장계향의 아들, 갈암葛庵 이현일(1627~1704)이 모친인 장계향의 언행과 생애를 기록해 남긴 《정부인안동장씨실기》貞夫人安東張氏實記에 나오는 구절이기도 하다.

　장계향은 안동에서 평생 벼슬을 하지 않고 도학을 닦고 후학을 가르치며 산 선비 경당敬堂 장흥효(1564~1633)의 외동딸이다. 이런 선비의 가르침을 받으며 자란 장계향은 어릴 적부터 유교 경전을 익히며 그 가르침을 일상생활을 통해 깨달으려고 했다. 또한 10세 전후에 벌써 붓글씨와 시에 탁월한 재능을 보이며 믿기지 않을 정도로 놀라운 작품을 남기기도 했다. 그러나 10대 중반에 "시를 짓고 글씨 쓰는 것은 여자가 해야 할 일이 아니다"라고 여기고 다시는 돌아보지 않았다고 한다.

　그 후 19세 때 이시명의 둘째 부인으로 시집가서 전처 소생 1남 1녀에다 본인이 낳은 6남 2녀를 훌륭하게 키우고 가르치면서, 시가와 친가의 부모를 정성을 다해 돌보며 살았다. 또한 최근 각광을 받고 있는 최초의 한글요리서 《음식디미방》飮食知味方을 저술한 장본인

장계향 부부의 나눔과 배려의 철학이 담겨 있는 석계종가의 도토리죽.

《음식디미방》에 나오는 술 중 하나인 감향주.
떠먹는 술로, 석계종가 조귀분 종부가 재현해 많은 이들로부터 극찬을 받고 있다.

이기도 하다. 장계향의 음식에 대해서는 이현일이 "어머니는 음식은 단출하여 복잡하지 않은 것을 중히 여기고, 음식 맛이나 빛깔은 산뜻했다"라고 적고 있다. 의리를 강조하고 배려와 나눔의 삶을 실천한 그녀의 철학은 음식에도 잘 나타난다. 그 대표적 음식이 영양 석계종가의 도토리죽이다.

가난한 이웃 위해 심은 도토리나무

장계향은 1616년 이시명과 혼인해 영덕에서 시부모를 모시고 살면서, 정묘호란(1627년)으로 주위에서 몰려드는 피란민과 걸인들을 함께 돌보는 가운데 가난한 이들을 어떻게 하면 도울 수 있을지를 고민하게 된다. 만석꾼 집안에서 살았지만 군자의 도리를 실천하는 것을 삶의 철학으로 삼았기에 굶주림에 시달리는 이웃들을 항상 생각했던 것이다.

1631년에는 영양 석보(두들마을)에 집을 짓고 분가를 했다. 이때 장계향은 남편과 의논한 뒤 빈민 구휼을 위한 수단으로 석보의 집 주변 언덕 300여 미터에다 도토리나무를 심었다. 하지만 시아버지 운악雲嶽 이함이 위독하게 되어 다시 영덕의 시댁(충효당)으로 돌아가 시부모를 봉양해야 했다. 이듬해 이함이 별세하자 장계향은 남편과 함께 3년상을 치른다.

1636년 병자호란의 국치를 부끄럽게 여기고 은거하려는 남편을 따라 다시 영양으로 돌아온 때는 1640년이었다. 당시 장계향은 만석꾼 집안의 셋째 며느리였으나 재산 상속을 일절 받지 않고 이사해 매우 가난한 생활을 시작했다. 자신이 일구지 않은 재산을 부끄러운 것으로 판단한 것이다.

두들마을에 정착한 후 주민 대부분이 굶주리며 고통을 받는 생활을 이어가는 가운데, 다행히 1931년에 심은 도토리나무가 잘 자라서 열매를 맺기 시작했다. 장계향은 그 열매를 따서 도토리죽 등 음식을 만들어 이웃과 나눠 먹으며 가난을 극복해 갈 수 있었다.

당시에 심어 가난을 극복하게 해 준 도토리나무들은 지금도 석계 종택이 있는 두들마을 앞 언덕에서 잘 자라고 있다. 장계향의 도토리죽 역시 석계종가 조귀분 종부가 그 뜻을 헤아리며 재현해, 웰빙 음식으로 지금까지 이어져 오고 있다. 도토리묵이나 도토리떡도 선보인다. 이돈 종손은 "도토리죽을 비롯해 할머니가 남긴《음식디미방》음식은 그 음식 자체보다도 거기에 담긴 정신, 즉 개인보다 공동체를 우선하고 사익보다 정의를 먼저 생각하며 나눔과 배려를 실천한 정신이 오늘날 우리가 본받아 실천할 소중한 덕목이라고 생각한다"라고 말했다. 두들마을 앞 천변의 바위에 새겨진 낙기대樂飢臺, 세심대洗心臺는 장계향 부부의 이런 철학을 대변하고 있다.

최초의 언문 조리서

이 책은 이렇게 눈이 어두운데 간신히 썼으니 이 뜻을 알아 이대로 시행하고, 딸 자식은 각각 베껴 가되 이 책을 가져갈 생각일랑 절대로 내지 말

도토리죽

며, 부디 상하지 않게 간수하여 빨리 떨어져 버리게 하지 마라.

《음식디미방》말미에 후기로 장계향이 적어 놓은 글이다. 며느리와 딸에게만 전하고, 그것도 원문이 아닌 필사본으로 전하라는 것이 장계향의 뜻이었다. 이 당부 덕에 후손들이 책을 잘 간수해 오늘날까지 그 가르침이 온전히 전해질 수 있었던 듯하다. 이 책을 저술했을 때가 그녀의 나이 일흔. '음식의 맛을 아는 방법'이라는 뜻의《음식디미방》은 동아시아 최초로 여성이 쓴 조리서이자 한글로 된 최초의 조리서로 기록되고 있다. 언문으로 책을 쓴 이유는 "요리의 재료가 모두 우리 땅에서 나며, 밥상을 차려 사람을 먹이는 것도 조선 여성, 이 책을 읽는 사람도 조선 사람이기 때문"이었다.

《음식디미방》은 음식 문화를 전공하는 학자 대부분이 주저 없이 우리나라 최고의 '식경'食經으로 꼽는 소중한 문화유산이다. 1670년경에 정리한 것으로 추정되는《음식디미방》에는 총 146가지의 조리법이 설명되어 있다. 이 중 주류에 관한 것이 51가지나 된다.

최근에는 석계종가 조귀분 종부의 솜씨와 노력 덕분에《음식디미방》요리가 특히 각광을 받고 있다. 조귀분 종부는 음식디미방보존회 회장을 맡아《음식디미방》음식을 재현하며 그 우수성과 정신을 널리 알리기 위해 애쓰는 중이다.《음식디미방》의 술도 재현하고 있는데 그중 특히 감향주가 극찬을 받고 있다.

떠먹는 술, 감향주

멥쌀 한 되를 깨끗이 씻어 가루를 내라. 그 가루로 구멍떡을 만들어 익도록 삶은 후 식혀라. 구멍떡을 삶던 물 한 사발에 누룩가루 한 되를 구멍떡에 함께 섞어 쳐서 단지에 넣어라. 찹쌀 한 말을 깨끗이 씻어 밑술을 하는 날 물에 담갔다가 사흘 후에 익도록 쪄라. 식지 않았을 때 밑술을 퍼내 섞어 항아리에 넣는다. 더운 방에서 항아리를 여러 겹 싸 두었다가 익거든 써라. 쓴맛이 나게 하려면 항아리를 싸지 말고 서늘한 곳에 두어라. 많이 빚으려면 이 법을 미루어 적용해 빚어라.

《음식디미방》의 감향주 빚는 법 설명이다.

감향주는 매우 특별한 술이다. 숟가락으로 떠먹어야 하는 술인데, 맛이 향기로우면서 매우 좋다. 알코올 도수는 12도 정도라고 한다.

석계종가의 이 감향주는 2015년 4월 12일 제7회 세계물포럼 개회식에 앞서 박근혜 대통령이 주재한 각국 정상 및 주요 인사 환영 오찬에서 《음식디미방》 요리와 함께 등장했다. 이 자리에서 공식 건배주가 된 이 감향주는 그 각별한 맛으로 모두의 탄성을 자아내게 했다. 이에 앞서 3월 25일 서울 한국의집에서 열린 '음식디미방 시식연'에서도 주한 외교관들의 호평을 받아 화제가 되기도 했다.

도토리죽

17

전주한옥마을 대표 종가

전주 인재종가
생합작

전주는 넓고 기름진 평야를 두고 있어 쌀과 부식이 풍부했다. 또한 바다가 인접한 데다 웬만한 길이 다 통하는 곳이라, 해산물을 비롯해 전라도 지역 특산물이 모여들어 다양한 식자재들이 넉넉했다. 덕분에 전주는 '맛의 고장'이라는 명성을 얻을 수 있었다.

'맛의 고장'으로서 전주의 중심은 전주한옥마을이라 할 수 있다. 이 전주한옥마을을 대표하는 고택이 학인당學忍堂이다. 한옥마을의 한옥 중 가장 오래된 고택이고, 독특한 구조에다 규모도 가장 크다. 민가 중 유일하게 문화재(전라북도 민속문화재 8호)로 지정된 학인당은 전주 만석꾼 집안이던 수원 백씨 인재忍齋 백낙중 종가의 종택이다. 만석꾼 집안이던 인재 백낙중 종가에도 당연히 종가만의 특별한 내림음식이 있다. '생합작'과 '한채'가 그 대표 음식이다.

만경강 생합으로 만들다

인재종가는 인재 백낙중(1881~1929)에게서 시작된 종가이다. 백낙중은 부친 백진수의 여섯 아들 중 막내지만 전주에 처음 자리를 잡은 백시흥(1694~1736)을 잇는 가문의 실질적 종가 역할을 해 왔다. 학인당에는 현재 백낙중의 4대 종손 백창현 씨 부부가 거주하며 종가 문화를 이어가고 있다.

인재종가의 생합작은 최소한 백낙중 생존 시부터 요리해 먹던 음식이라는 것이 서화순 종부의 말이다. 생합작은 제사상에 오르는 음식이면서, 손님 술상에도 오르는 대표적 술안주였다. 지금도 마찬가지다.

'대합전'이라고도 불리는 생합작은 전복이 양식되기 전의 옛날에는 고급 요리였다. 근처에 흐르는 만경강에는 생합(백합, 대합으로도 불림)이 많았고, 이 생합을 주재료로 갖가지 재료를 섞어 요리하던 음식이다. 손이 많이 가는 고급 음식이다.

생합 속살을 꺼내 잘게 다진 후 여기에 소고기, 표고버섯, 다시마, 당근, 호박 등을 다져 넣고 섞은 뒤 간장, 참기름, 깨소금, 후추로 간을 한다. 간을 한 재료들은 달달 볶아 소를 만든다. 볶을 때 재료들이 엉겨 붙지 않도록 밀가루를 조금 넣는다. 볶은 것을 다시 생합

생합작

전주 인재종가의 내림음식인 생합적.
생합(백합) 속살을 주재료로 만들며, 제사상에 올리고 술안주나 반찬으로도 사용했다.

껍데기 안에 가득 채워 넣고, 그 위에 달걀옷을 입힌 후 노릇노릇하게 지진다.

종부는 생합작과 함께 이 종가의 내림음식으로 한채를 소개했다. 늦가을 무와 석류가 나오는 시기에 해 먹는, 차갑고 시원한 무채 김치이다. 한채는 달고 아삭한 무가 주재료인데, 무를 얼마나 얇고 가늘게 채 써느냐가 관건이다. 무를 썬 다음 바로 천일염 간을 해서 버무려 놓는다. 배, 밤, 마늘은 얇게 저미고, 생강은 채 썬다. 쪽파도 잘게 썰어 놓는다. 재료 장만이 끝나면 간해 놓은 무와 함께 버무려 그릇에 담는다. 무에 소금 간을 했으니 설탕과 식초, 깨소금만 추가로 넣는다.

하루쯤 재워 먹어야 제맛이 나며, 닷새 정도는 저장해 두고 먹을 수 있다. 실고추와 잣을 고명으로 올리고, 석류는 마지막에 한채 위에 올려서 새콤한 맛과 붉은 색감을 더해 먹음직스럽게 한다. 외국인들이 특히 한채를 좋아한다고 한다.

조선후기 판소리 공연장의 메카

백낙중과 그의 부친인 백진수, 조부인 백규방은 각별한 효자로 나라에서 효자각을 세워 줄 정도였다. 학인당이라는 당호는 선대의 후덕함과 효심을 본받으라는 뜻에서 인재忍齋의 인忍 자를 사용해 지은 이름이다.

인재고택의 본체이자 중심 건물인 학인당은 구조가 독특하다. 학

생합작

인당學忍堂이라는 당호 편액이 걸린 이 건물은 기둥 안으로만 따지면 67평이고, 처마 밑을 기준으로 하면 76평이나 된다. 칸수로는 28칸 규모다. 보통 한옥의 세 채 크기다. 높이도 이층집 높이다. 높이와 넓이를 유지하기 위해 지붕을 떠받치는 도리가 일곱 개나 되는 '칠량七樑집'이다. 칠량집은 본래 궁궐의 전각이나 사찰의 대웅전을 지을 때 사용하는 양식이다.

'ㄴ'자 형태의 이 건물은 또 방과 방을 연결하는 마루 복도가 설치되어 있는데, 이것도 궁궐에서만 사용되던 양식이다. 그리고 유리를 사용한 여닫이문, 서재, 세면장, 목욕탕, 화장실이 갖추어져 있다. 지을 때부터 전기 시설과 수도 시설도 도입했다. 외양은 궁궐 양식의 한옥이지만, 내부는 당시의 최신식 시설을 갖춘 개화기의 개량형 주택이다. 벽지도 여덟 겹을 겹쳐 발랐다. 이 팔배접은 방음 효과와 방습·방풍 효과도 우수하다.

학인당을 포함한 이 집은 1905년에 짓기 시작해, 1908년에 완공했다. 대지 2,000평에 99칸으로 지은 저택이었다. 지금은 대지도 500평 정도로 줄었고, 헐린 건물도 많다. 하지만 본채인 학인당만은 온전하게 보존되고 있다.

백낙중이 학인당 본채를 이렇게 크고 화려하게 지은 이유 중 하나는 판소리 공연 때문이다. 판소리 공연을 위한 공연장으로 지은 것이다. 덕분에 학인당은 구한말 판소리의 메카 역할을 했다고 해도 과언이 아니다.

학인당에는 대청 동쪽에 방 한 개, 서쪽에 방 두 개가 있다. 공연 때는 이 세 방문을 모두 들어 올리거나 철거할 수 있게 되어 있다.

인재종가 종택의 본채 건물인 학인당.
판소리 공연을 목적으로 지어 구조가 특이한 건물이다.

문지방도 분리하면 없앨 수 있도록 설계했다. 대청 남북의 분합문도
철거할 수 있다. 이렇게 하면 툇마루까지 하나의 공간으로 이어져,
40평 정도의 공간이 확보되고 100여 명이 판소리 공연을 관람할 수
있다.

생합작

학인당과 흥선대원군의 관계

백낙중

백낙중이 이런 학인당을 지을 수 있게 된 것은 흥선대원군 이하응과의 인연 덕분이다. 흥선대원군이 전국을 유랑하던 낭인 시절, 전주에 왔을 때 백낙중의 부친 백진수와 의형제를 맺을 정도로 친해졌다고 한다. 만석꾼 백진수는 빈털터리 흥선대원군의 미래를 알아보고 그를 극진히 대접했던 것 같다. 그 후 대원군이 정권을 잡고 난 뒤에는 대원군의 정치 자금을 대는 후원자가 되었다.

백진수는 무반 집안 후손이다. 당시 무반들은 생계를 위해 상업에 종사하는 일이 많아지면서 큰돈을 버는 경우가 생겨났다. 백진수도 이 같은 사례인 것 같다. 백진수는 대원군의 경복궁 중건 비용으로도 거금을 부담했다.

당시 백진수는 대원군에게 세 가지를 요구했다. 큰 집을 지을 수 있도록 해 달라는 것, 전라도에 부임했다가 떠나는 벼슬아치들의 이임 환송연을 할 수 있게 해 달라는 것, 궁궐에 물품을 납품할 수 있게 해 달라는 것. 대원군은 이를 허락하고 백진수는 이를 통해 당대 제일의 부자가 될 수 있었다.

백진수의 여섯째 아들인 백낙중은 고종황제를 따르던 인물로, 부친이 물려준 땅에다 주변 땅을 더 사들여 2,000평의 땅에 학인당을 지었다. 고종황제의 측근 무관이던 백낙중의 둘째 형 백남신의 도움으로, 황제의 허락을 얻어 궁중의 일류 목수들을 공사에 투입할 수 있었다.

그 영향으로 학인당 곳곳에서 궁중 양식을 만날 수 있다. 목재는 압록강과 오대산에서 최고급 목재를 구해 왔고, 공사비가 쌀 8,000가마나 들었다고 한다.

판소리의 전성기는 대원군 시대였고, 그것은 대원군이 판소리를 매우 좋아한 덕분이었다. 이런 대원군과 각별한 관계였던 수원 백씨 가문은 1905년 을사보호조약으로 관에서 주관하던 전주대사습놀이의 맥이 끊기게 되자, 그 맥을 잇기 위한 방편으로 학인당을 건립한 것이다.

전주대사습놀이의 맥을 잇던 공간인 학인당은 지금도 국악 공연장으로 활용되면서 그 맥을 잇고 있다. 학인당은 2008년부터 매년 학인당 국악제를 개최하고 있다.

생활직

18

병사들과 같은 음식을 먹은
전장의 아버지

안동 학봉종가 산마

안동의 대표적 종가인 학봉鶴峯 김성일(1538~1593) 종가는 해마다 6월이면 불천위 김성일 신위를 기리는 제사를 성대하게 지낸다. 김성일의 기일은 음력 4월 29일이다.

후손들이 정성을 다해 차리는 이 불천위 제사상에는 김성일 별세 후 제사가 시작된 이래 변함없이 오르는 특별한 제사 음식이 있다. 바로 산마다. 약과 위에 얹어 올리는데, 익혀서 쓴다. 물론 지금도 불천위 제사상에 오르고 있다. 그리고 송기(소나무 속껍질)를 사용한 송기송편과 소금장도 제수로 오른다.

이런 제사 음식은 김성일이 임진왜란 당시 경상도의 전쟁터 곳곳

학봉 김성일의 불천위 제사상.
왼쪽 밤 뒤편의 약과 위에 얹은 것이 산마이고,
송기송편은 오른쪽 뒤편 떡 접시 위에 다른 떡과 함께 올려져 있다.

에서 민생을 돌보며 전쟁을 진두지휘하는 절도사와 관찰사, 초유사 등의 직분을 수행하면서 겪어야 했던 고초와 관련이 있다.

병사들과 함께 먹었던 산마

김성일은 1592년 4월에 경상우도 병마절도사로 임명되었다. 그런데 얼마 지나지 않아 왜군의 침략 상황이 급박해지자 임금이 일본 사신 때의 보고를 허물 삼아 그를 잡아들이라는 명을 내렸다. 임금은 여러 대신과 왕세자의 말을 듣고 마음을 바꿔 다시 김성일을 초유사招諭使에 임명했다. 초유사는 난리가 일어났을 때 혼란에 빠진 백성을 도우며 안정시키는 일을 맡아 보던 임시 벼슬이다.

김성일은 초유사로 경상도 지역에서 민생을 돌보면서 의병을 모으고 독려하는 초유 활동에 매진했다. 뛰어난 초유문을 통해 의병을 모으는 데 결정적인 역할을 하기도 했다.

8월에는 왜적들이 웅거하고 있는 경상좌도 관찰사에 임명됐다. 임금은 "경은 본도 사람이며 또 특별한 공적을 세웠으니, 지금 더러운 왜놈들을 섬멸해 옛 강토를 회복하고자 하는데 경을 버려 두고 누구에게 맡기겠는가"라며 중책을 맡겼다.

9월에는 다시 우도 관찰사에 임명되고, 1593년 4월 다시 진주에 머물게 된다. 가는 곳마다 굶어 죽은 시체가 널려 있고, 봉두난발을 한 사람들이 울기도 하고 빌기도 했다. 이에 김성일은 진주목사에게 진휼하는 일을 전담하게 하고, 판관에게는 군기軍器를 전담해 관장하게 했다. 그리고 자신은 몸소 죽을 쑤고 약을 달이면서 백성들을 구휼했다. 그리고 성을 돌아보고 군사를 검열하면서 반드시 직접 점검했다.

이때 역질疫疾이 곳곳에 만연하였으며, 굶주린 백성들이 모두 성 안으로 몰려들어 울부짖고 신음하는 소리가 차마 들을 수 없을 정도로 참혹했다. 이에 김성일은 가여운 마음에 눈물을 흘렸으며, 밥을 먹다가도 숟가락을 놓곤 했다. 주위 사람들이 "식사를 하지 않아 병이 나면 국사는 어찌합니까" 하자 "목구멍에 넘어가지 않는다"고 하였다. 누군가 역질을 피할 것을 청하자 "다른 사람을 대신 시켜서 일을 하면 제대로 될 수가 없다. 나 자신의 몸을 아끼지 않는 것은 아니나 죽고 사는 것은 하늘에 달려 있다. 그러니 어찌 피하겠는가" 라고 말했다.

이러다 4월 19일에는 몸이 상한 데다 감기가 들었고, 역질까지 전염돼 위독해졌다. 약을 먹을 것을 청하자 "내 병은 약을 먹고 나을 병이 아니다. 그대들은 그만두어라"라고 말하고는 "중국 군사가 들어오면 어떻게 먹일 것인가. 그대들은 그 일에 대해 힘쓰라"며 혼미한 정신 속에서도 나라 걱정만 했다. 그리고 왜적들이 물러나고 있음을 알리자 "왜적이 도망쳐 물러가면 나라야 회복하겠지만, 조정의 붕당은 누가 능히 깨뜨릴 것인가"라고 한탄하기도 했다. 결국 그는 29일 진주 공관公館에서 별세했다. 백성들은 "하늘이 우리 부모를 빼앗아 갔으니, 우리 목숨도 다했다"며 애통해했다.

후손들은 당시 김성일이 병사들의 역병을 치료하고 굶주림을 면하도록 하기 위해 산마를 먹게 하고 자신도 먹은 것으로 전하고 있

산
마

다. 김성일은 별세 후 입관을 마치고 지리산에 임시로 묻혔다가, 몇 개월 후인 11월에 고향 안동으로 돌아가 선영에 다시 묻혔는데, 별세 당시가 더운 초여름이라서 초혼招魂할 때 부패 방지를 위해 소금을 사용했고, 그래서 제사상에 소금장을 꼭 올리고 있다고 한다. 후손들은 당시 상황에서 김성일이 보여 준 고귀한 정신과 평소의 가르침을 본받고 기리고 위해서 수백 년이 지난 지금도 제사상에 이런 제수를 올리고 있는 것이다.

독야청청, 김성일의 기개를 기리는 송기송편

김성일은 정의롭고 올곧은 기개가 대단한 인물이었다. 그야말로 한겨울에도 푸른빛을 잃지 않는, 독야청청한 소나무와 같은 절개를 지니고 있었다.

김성일은 상대가 누구든 잘못이 있으면 서릿발 같은 비판을 가했다. 임금도 마찬가지였다. 임금이 싫어하는 기색을 보여도 거리낌 없이 비판할 것은 비판했다. 물론 불의와 부정이 있는 조정 관리들도 사정없이 탄핵해 바로잡았다. 그래서 사람들은 그를 "대궐 안 호랑이"殿上虎라 불렀다.

그에게는 오직 옳고 그름만이 언행의 잣대였다. 그의 이런 언행이 널리 알려지면서 1579년 9월 그가 함경도 순무어사巡撫御使가 되어 온다는 소식이 있자, 일부 수령들은 인수印綬를 끌러 놓고 달아나는 일도 있었다.

이런 그의 기개와 정신을 기리기 위해 소나무 속껍질인 송기를 이용한 송기송편을 빚어 제사에 올리고 있다. 소나무와 관련해, 김성일이 초유사와 관찰사로 전장을 누비며 수많은 백성과 병사들을 구휼할 당시 솔잎이나 송기를 사용해 백성을 구휼했음을 알려 주는 기록도 확인할 수 있다.

도내 유랑민이 공의 행차가 지나가면 길을 막고, 머무르면 뜰에 가득 찼는데, 공은 반드시 소금과 쌀을 나누어 주었다. 그리고 거창, 함양, 산음에 진제장賑濟場을 설치해 굶주린 백성들을 구휼했다. 수시로 그 음식물을 가져다가 직접 살피고 맛보았다. 또 솔잎가루를 많이 만들어 죽에 섞어서 먹이도록 했다.

이런 김성일을 백성들은 '아버지'라고 불렀으며, 그가 머물다 떠나게 되면 부모를 잃은 것처럼 울부짖기도 했다고 전한다.

산마

19

먹치레로 유명한 집안

논산 사계종가　불천위 제사상

　충청도의 대표적 선비로는 사계沙溪 김장생(1548~1631)을 꼽을 수 있다. 김장생은 율곡 이이(1536~1584)와 구봉 송익필(1534~1599)에게 성리학과 예학을 배운 뒤, 성리학으로 예학의 바탕을 마련하고 정밀한 고증을 통해 예학을 정립·집대성함으로써 '조선 예학禮學의 종장宗匠'으로 일컬어지고 있다.

　그의 예학은 몇 차례의 전란으로 혼란해진 나라의 기강을 바로잡아 사회질서를 회복하고 유지하기 위한 것이었다. 당시는 당쟁에다 이괄의 난, 임진왜란, 병자호란으로 국가적 위기에 처한 시기였기에 민생 회복과 기강 확립이 절실하던 때였던 것이다. 이러한 상황에서 김장생은 이념적 체계로서의 예에 주목했다. 그는 심성의 온전함을 지키면서 예에 맞게 행동하고 하늘을 우러러 조금도 부끄러움이 없어야 한다고 강조했다.

그는 늦은 나이에 벼슬을 시작했고, 과거를 거치지 않아 요직 경력이 많지는 않았지만, 인조반정 이후 서인의 영수로서 영향력이 매우 컸다. 그는 고향인 연산에서 주로 학문을 연마하고 제자들을 가르치며 살았다. 충남 오현五賢인 송시열, 송준길, 이유태, 윤선거, 유계를 비롯한 당대 대표적 예학자들이 모두 그의 제자들이다.

김장생은 별세 후 문원文元이라는 시호가 내려지고, 1688년에 성균관 문묘에 배향되었다. 연산에 있는 돈암서원, 공주의 충현서원 등 10여 곳의 서원에 위패가 모셔져 추모를 받고 있다.

문묘에 배향되었다 함은 나라에서 불천위로 인정했다는 뜻이다. 국가 불천위는 영원히 사당에 모시고 제사를 지내며 기리도록 나라에서 허락한 신위를 말한다.

사계 김장생의 불천위 제사는 지금까지 380여 년 동안 계속되고 있고, 예학의 종장 가문답게 사계종가의 제사는 다른 종가에 비해 특별히 성대하게 지내는 데다 옛 법도를 잘 유지하고 있어 눈길을 끈다.

온 마을과 제사 음식을 나누다

1914년 행정 구역 통폐합으로 논산군이 탄생하기 전, 지금의 논

사계 김장생 불천위 제사상.
ⓒ 논산문화원

산 지역은 연산현, 노성현, 은진현으로 나뉘어 있었다. 조선 초부터 이 세 고을의 대표적 성씨인 광산光山 김씨, 파평坡平 윤씨, 은진恩津 송씨가 살면서 여러 가지 일화도 생겨났는데, 그중 하나로 '광산 김씨 먹치레, 파평 윤씨 묘치레, 은진 송씨 집치레'라는 말이 있다.

연산 지역에 주로 살아 온 광산 김씨 가문에서는 제사 때 제물을 풍성하게 장만해 제사에 참여하는 사람들에게 풍성하게 대접하고 봉송封送을 마련해 주며 마을 사람들에게도 제사 음식을 나누어 주는 등 먹을 것에 정성을 들이고 비용을 아끼지 않았다. 하여 광산 김씨 먹치레라는 말이 생겼다 한다. 여기서 봉송이란 '제사에 올렸던 음식을 조금씩 나누어 싸서 참례자들이 집으로 가져가 그 가족들이 먹을 수 있도록 한 제사 음식'을 말한다. 참례자의 식구들도 조상이 흠향한 음식을 함께 먹으며 조상의 음덕을 기리도록 하는 뜻에서다.

광산 김씨 먹치레의 대표적 예가 바로 김장생 불천위 제사이다. 김장생 불천위 제사는 논산시 연산면 고정리에 있는 염수재念修齋에서 진행된다. 염수재는 김장생 불천위 제사를 지내는 재실齋室이자 사계종가의 종택 역할을 하는 고택이다. 염수재는 네 칸 한옥으로, 마루방 두 칸과 온돌방 두 칸으로 되어 있다. 마루방에서 불천위 제사가 진행된다. 염수재 건물 서쪽 뒤편에 김장생의 불천위 신위가 봉안된 사계종가 사당이 있고, 염수재 마당 좌우에 제수를 준비하는 안채와 제관들이 묵고 가는 행랑채가 있다.

종택에는 한옥 두 채가 더 있었으나 20여 년 전에 식구가 줄고 관리가 힘들어 헐어 버렸다고 한다. 이 염수재 뒤 야산자락에 김장생 묘를 비롯한 광산 김씨 가문 조상들 묘가 종택을 지키고 있다.

김장생 불천위 제사 기일은 음력 8월 2일이다. 기일이면 서울을 비롯한 전국 각지에서 그 후손들이 염수재를 찾아 제사에 참여한다. 김장생 불천위 제사에 참석하는 제관은 점점 줄어들어 요즘은 40명 정도다. 제사는 새벽 3시가 넘어 시작하고, 제사 후 문중 회의를 하고 음복을 마치면 새벽 5시 정도가 된다.

지금도 제사 후 참례자 모두를 위해 밥상을 차려 내고 봉송을 일일이 준비해 나눠 준다. 조상 제사와 제사 음식에 대해 이처럼 정성을 들이며 풍성하게 준비하는 법도는 김장생의 아들인 신독재 김집 불천위 제사 때도 마찬가지라고 한다.

불천위 제사상

고임의 예술, 불천위 제사상

이 불천위 제사상을 마련하는 데 드는 제수 비용만 해도 250만 원, 제사상에 오르는 제사 음식은 30가지 정도이다. 이 중 특히 눈길을 끄는 것은 맨 앞줄에 진설되는 열 가지 제수로, 주로 과일이다. 밤, 배, 잣, 호두, 은행, 조과, 사과, 곶감, 대추 등을 왼쪽부터 진설하는데 그것을 쌓은 모습이 '예술'이다. 음식끼리 같은 높이와 부피를 보여 주기 때문이다. 이렇게 제수를 격식에 따라 제기에 차곡차곡 쌓아 모양을 내는 것을 '고임'이라고 하는데, 이 제사상 고임을 위해 전문가를 초빙한다고 한다.

과일 뒤로는 포와 나물, 조기 등을 진설한다. 그다음에는 전과 탕, 떡, 면 등이 놓인다. 잔을 올릴 때 안주로 적을 올리는데 초헌관은 육적(쇠고기), 아헌관은 어적(생선), 종헌관은 계적(닭고기)을 올린다.

제사 음식은 하루 전에 유사有司들이 장을 보아 준비를 한다. 제수 비용은 문중 전답에서 나온다. 제수 장만은 가까이 사는 문중 부인들이 와서 한다.

제사상은 흰 앙장(천장에 치는 휘장)을 치고 병풍을 두른 뒤 그 앞에다 차린다. 병풍은 임금이 김장생에게 내린 교지 글로 만든 12폭 병풍을 사용한다. 조상이 식사를 하는 합문(闔門: 제관 이하 전원이 밖으로 나온 뒤 문을 닫는 절차) 때는 병풍을 'ㄷ'자 모양으로 쳐서 제사상을 감싸고, 앞쪽은 걷어 올린 앙장을 내리는 방식을 취한다.

병풍 교지는 예학의 종장으로 인간 생활의 도덕 확립에 이바지한 공이 크므로 문묘에 배향하도록 임금이 명을 내렸다는 점을 담고 있다. 예전에는 백지 병풍을 사용했다는데, 글을 모르는 후손을 위한 배려였다고 한다.

사계가문을 지킨 여인

허 씨 부인

김장생은 조선시대에 265명의 문과 급제자를 배출한 가문인 광산 김씨로, 달성 서씨, 연안 이씨와 함께 조선 3대 명문으로 꼽힌다. 이들 문중 중에서도 광산 김씨의 사계 김장생 가문, 달성 서씨의 약봉 서성 가문, 연안 이씨의 월사 이정구 가문을 가장 명문으로 꼽는다.

사계 김장생 가문에서는 특히 김장생이 아들 김집과 문묘에 배향되었는데, 부자가 함께 문묘에 배향된 가문으로는 유일하다. 문묘에는 우리나라의 대표적 유학자 18현이 배향되어 있는데 한 가문에서 두 명이 배향되기는 송시열과 송준길을 배출한 은진 송씨와 광산 김씨 가문뿐이다.

김장생 가문이 이처럼 명문이 된 데는 김장생의 7대조 할머니인 양천陽川 허 씨가 큰 역할을 한 것으로 전하고 있다. 허 씨는 조선 태조 때 대사헌을 지낸 허응의 딸로, 김장생 7대조 김문과 혼인을 한다. 그런데 김문이 일찍 사망해 허 씨는 17세라는 나이에 임신한

청상과부가 되고, 친정 부모는 재가를 강요한다.

하지만 허 씨는 부모의 강요를 피해 유복자인 철산鐵山을 데리고 개성을 떠나 김문의 아버지 김약채가 터를 잡아 살고 있던 연산 고정리의 시가까지 걸어갔다고 한다. 허 씨가 연산의 시댁으로 오는 동안 산길을 걸으면 호랑이가 나타나 지켜 주었고, 연산에 도착하자 그 호랑이는 사라졌다고 하는 이야기도 전하고 있다.

그 후 허 씨는 시부모를 모시며 아들 철산을 잘 키워, 철산은 사헌부 감찰을 지냈다. 철산은 좌의정을 지낸 국광을 비롯해 네 아들을 낳았다.

광산 김씨는 자신들의 가문이 명문을 이룬 것이 허 씨의 정절에서 시작되었다고 보고 허 씨를 극진히 모시고 있다. 허 씨의 묘는 김장생 묘 바로 아래에 있고, 근처에 허 씨를 기리는 재실인 영모재永慕齋가 있다.

20

육식과 사랑에 빠진 종가

함양은 덕유산과 지리산의 두 산줄기가 잦아드는 곳에 위치하고 있다. 산간 분지인 함양은 병풍처럼 둘러싼 높은 산에서 흘러나오는 맑은 물이 많아 산천이 아름답다. 북동부를 흐르는 푸른 남계천은 위천, 임천강 등과 합류하여 경호강이라는 큰 물줄기를 만들어 산청 쪽으로 흘러 나간다.

함양군 지곡면 개평리의 '개평'이라는 지명은 두 개울이 하나로 합쳐지는 지점에 마을이 위치해 낄 개介 자 형상을 하고 있는 데서 유래되었다. 마을은 14세기 경주 김씨와 하동 정씨가 이곳으로 이주하면서 형성되었다. 이후 15세기에 풍천 노씨가 들어와 살기 시작했다. 현재 마을에는 풍천 노씨와 하동 정씨가 대부분 거주하고 있으며 60여 채의 전통 한옥이 있다.

함양은 신라 때 최치원이 함양의 태수를 지냈고, 조선시대에는 김종직, 정여창, 박지원 등이 지방 관리로서 거쳐 간 곳이기도 해서 오래전부터 선비의 고장으로도 유명하다. 특히 함양은 안동과 더불어 영남 사림을 대표하는 선비의 고장, '뼈대 있는' 고장으로 명성이 높았다. 대표적인 영남 사림의 근거지를 말할 때 '좌 안동, 우 함양'이라는 말이 있는데, 서울에서 볼 때 안동이 낙동강의 왼쪽에 자리하고 함양은 낙동강의 오른쪽에 있어서다. 여기서 '좌 안동'의 주인공은 물론 퇴계 이황이며 '우 함양'의 주인공은 바로 일두 정여창(1450~1504)이다.

안동에 견줄 만큼 학문과 문벌이 번성했던 고장이 바로 함양이고, 그런 함양의 기틀을 잡은 이가 조선 성종 때 함양현감을 지낸 정여창인 것이다. 개평리는 한옥 고택들이 여전히 즐비한 마을인데, 그 중에서도 가장 규모도 크고 화려한 고택이 '일두 정여창 고택'이다.

일두종가에서 즐겨 먹던 개평육회, 동태불고기

현재 일두종가의 종손 가족은 일두고택이 아닌, 서울에서 살고 있다. 하지만 일두종가에도 당연히 오래전부터 내려오는 종가 음식이 있다. 환경 변화로 전통 종가 음식들이 대부분 사라질 위기에 처해 있긴 하지만, 함양의 지리적 환경이 가져다준 독특한 종가 음식들이

개평육회

(위부터)
개평육회와 동태불고기, 백편.
© 두레씽크푸드

지금도 후손들에게 이어지고 있다. 개평육회, 동태불고기 등이 바로 그 대표적인 음식이다.

함양은 임금의 수라상에 오르는 음식 재료로 사용되는 영남 지역의 여러 특산물이 거쳐 가는 곳이기도 해서 음식 재료 시장이 형성되던 지역이었다. 또한 우시장도 형성돼 다양한 쇠고기 음식 문화도 발달했다.

함양의 대표적 양반 마을인 개평마을의 하동 정씨 집안은 특히 쇠고기 육회를 즐겨 먹었다고 한다. 정씨 집안의 육회는 가족들이 즐겨 먹던 요리인 데다 특히 맛이 좋아서 '개평육회'라 불릴 정도였다고 한다. 마을에서 소를 잡을 때나 잔치 때 주로 먹었다. 또한 손님들이 많이 찾는 종가였기에 손님상에도 쇠고기 육회를 가능한 한 자주 올렸음은 물론이다. 일두종가의 후손인 정소혜 씨는 자신도 어릴 때 육회를 자주 먹었다고 들려주었다.

그녀는 일두종가의 종가 음식에 각별히 관심을 가지고 하동 정씨 집안 며느리들과 종가 음식을 되살리는 데 적극 나서고 있는데, 가문의 전통 조리법을 활용한 요즘식 개평육회 조리법을 소개했다.

먼저 쇠고기를 채 썬 뒤 키친타월로 피를 뺀다. 양념장은 간장, 설탕, 매실액, 다진 마늘, 생강가루, 잣가루, 참기름, 다진 파를 사용한다. 그리고 배를 같은 길이로 채 썬 다음, 잠시 설탕물에 넣어 변색되지 않도록 한다. 채 썬 쇠고기에 양념장을 넣고 잘 주무른다. 접시에 배를 깔고 이 육회를 담은 뒤 메추리알 노른자를 올려 낸다.

육회와 함께 눈길을 끄는 음식은 동태불고기이다. 함양은 내륙에 있는 탓에 민물생선을 제외하고는 신선한 생선이 귀했기에 오래전부터 황태와 같은 말린 생선이나 동태를 이용한 음식이 발달했다. 일두종가도 동태불고기를 오래전부터 즐겨 먹었다.

동태의 머리를 자르고 길게 반으로 잘라 뼈를 발라낸다. 적당한 크기로 토막을 내 씻은 뒤 햇볕에 널어 꾸들꾸들해질 때까지 말린

다. 양념한 맛간장에 하루 정도 재워 두었다가 팬에 기름을 두르고 구우면 된다. 부드러우면서도 구수한 맛을 즐길 수 있는 동태불고기가 완성된다.

경남의 대표적 선비 마을인 함양 개평마을 일두고택의 사랑채.

풍파에도 흔들리지 않는 마음

정여창

　정여창의 본관은 하동이다. 증조부가 처가인 함양에 와서 살면서 그도 함양 개평마을에서 태어났다. 자라서는 김굉필과 함께 함양군수로 있던 김종직의 문하에서 수학했다. 여러 차례 천거되어 벼슬을 받았지만 매번 사양하다가, 1490년 과거에 급제해 연산군의 세자 시절 스승이 되었다. 하지만 강직한 성품 때문에 연산군의 총애를 받지 못했다. 그 강직한 품성을 알게 하는 일화가《유선록》儒先錄에 전한다.

　선생이 중년에 소주燒酒를 마시고 취해 광야에 쓰러져 하룻밤을 지내고 돌아오니, 어머니가 매우 걱정이 되어 굶고 있었다. 이때부터 음복 이외에는 절대 술을 입에 대지 않았다. 성종 임금이 그에게 술을 내린 적이 있었다. 그때 선생이 땅에 엎드려 이르기를 "신의 어머니가 살았을 때 술 마시는 것을 꾸짖으셨는데, 그때 신은 술을 다시는 마시지 않겠다고 굳게 맹세했사오니 감히

어명을 따르지 못하겠습니다"라고 했다. 임금이 감탄하며 이를 허락했다.

선생이 일찍이 태학에서 공부하다가 어머니를 뵈러 집에 갔더니, 집안에 전염병이 돌았다. 선생이 들어가서 어머니를 뵌 후 얼마 지나지 않아 어머니가 이질을 얻어 매우 위독하게 되었다. 선생이 향을 태우고 기도하였으나 효험을 보지 못하자 이윽고 똥을 맛보았다. 어머니가 돌아가시자 소리쳐 울면서 피를 토했다.

그의 앞날은 평탄하지 못했다. 1498년 김종직의 문인이라는 이유로 무오사화에 연루된 것이다. 그는 함경도 종성에 유배되고, 1504년 결국 유배지에서 세상을 떠났다. 향년 54세였다. 1504년에는 갑자사화에 연루돼 부관참시(무덤을 파고 관을 쪼개어 송장의 목을 자르는 형벌)까지 겪어야 했다. 이후 중종반정으로 복관되어 정몽주, 김굉필과 함께 조선 도학道學의 종으로 숭상되게 되고 1610년 동방5현東方五賢으로 문묘文廟에 모셔졌다.

무오사화로 함경도 종성에 유배될 당시, 종성의 안령鞍嶺이라는 고개에서 지은 글 '안령대풍'에는 정의롭고 맑은 기운이 찾아오기를 기다리는 선비의 마음이 잘 드러나 있다.

바람을 기다리는데 바람은 오지 않고 待風風不至
뜬구름만 푸른 하늘을 가리네 浮雲蔽青天
어느 날 시원한 회오리바람 불어와 何日涼飄發
온갖 음기 쓸어 내 다시 하늘을 볼 수 있게 될까 掃却群陰更見天

21

바둑 미생들을 위한 간편식

경남 함양의 양반 마을로 유명하던 개평마을은 조선의 대표적 선비 일두 정여창을 배출한 하동 정씨와 함께 풍천 노씨가 일궈 온 집성촌이다. 마을에는 일두 정여창 고택을 비롯해, 하동 정씨 고가, 풍천 노씨 대종가, 노참판댁 고가 등 고택들이 많다. 이 고택들 중 가장 오래된 건물은 노참판댁 고가의 안채로 추정되고 있다. 노참판댁 고가는 예전에는 지금보다 훨씬 많은 건물들이 있었으나 현재는 대문간채, 사랑채, 안채, 사당만 남아 있다. 노참판댁이라 불리는 연유는 노근영의 증조부인 감모재感慕齋 노광두(1772~1859)가 호조참판 벼슬을 지냈는데, 만년에 낙향해 이곳에서 살았기 때문이다.

노광두는 매우 청렴한 사람이었다. 그는 함양이 심한 가뭄으로 인해 흉년이 들어 주민들의 생계가 위협받자, 임금에게 주민들의 조세를 감면해 줄 것을 상소했다. 그리하여 조세를 크게 탕감받게 된 주민들은 노광두에게 고마움의 표시로 재물을 갖다 주었다. 노광두가 받지 않자 주민들은 논의 끝에 사랑채를 지어 주기로 하고 실천에 옮겼다. 노참판댁 사랑채는 그렇게 해서 세워진 건물이다.

이 사랑채를 비롯한 노참판댁 고가는 조선 말기 우리나라 바둑계의 1인자였던 노근영이 태어나고 자란 곳이기도 하다. 노근영이 바둑에 한창 빠져 있던 시절, 이 고가의 집문서를 걸고 내기 바둑을 자주 하는 바람에 등기상 집주인이 27번이나 바뀌었다고 한다.

집주인이 바둑 고수이다 보니 노참판댁에는 고수들의 방문이 끊이지 않았다. 손님들은 전국 각지에서 찾아들었다. 이런 손님들에게 노참판댁 며느리가 마련해 간편하게 대접하던 음식이 있었으니, 바로 소박한 국수였다. 노근영의 성품이 드러나는 소박한 음식인 이 국수는 '사초국수'라 불리기도 했다.

국수(國手) 집에서 대접하던 사초국수의 맛

노근영은 일제강점기의 암울한 시절, 바둑으로 국민의 마음을 조금이나마 후련하게 해 준 인물이다. 부잣집에서 태어난 그는 어려서 한학을 공부했으며, 성품이 어질며 물욕이 없었고 항상 능력껏 주위에 베풀기를 좋아했다. 그래서 '천하의 호인'이라 불리기도 하고, 항

사초국수

노참판댁에서 노근영이 손님들에게 내놓던 사초국수(위)와 조란(아래),
오른쪽은 다과상.
© 두레씽크푸드

사
초
국
수

상 웃는 얼굴로 다녀서 '조선의 점잖은 사람'이라는 별명도 붙었다고 한다.

그는 갑신정변을 겪으면서 정치·경제적으로 큰 변혁의 시기에 공부나 관직에서 큰 의미를 찾지 못하고, 바둑을 탈출구로 삼게 되었다. 1904년경 백남규를 만나 바둑을 본격적으로 배우기 시작하고 나서는 스승과 뜻을 모아 나라 사랑을 바둑으로 승화하는 데 전력을 다했다. 그러한 노력 끝에 일본의 바둑 고수 기타니 미노루 8단, 혼다 슈고 초단 등을 만방으로 이겨 조선 바둑을 한 단계 올려놓았다. 프로 기사가 없던 시절, 그는 조선 바둑계의 국수國手로 불렸다.

그의 바둑 명성이 전국에 높아지면서 노참판댁에는 항상 손님이 끊이지 않았다. 바둑을 두면서 술을 마실 수 없었기에 이 댁에서는 손님이 찾아오면 주로 간단하게 먹을 수 있는 국수를 내오게 했다. 닭이나 멸치로 육수를 만들고, 고명으로는 부추(봄)나 호박(여름)으

노참판댁 사랑채.

로 푸른색을 냈다. 그리고 볶은 소고기나 황백지단, 석이버섯 등을 올린 국수를 시원한 백김치와 산적꽂이를 곁들여 상을 차렸다. 산적은 쇠고기, 가래떡, 파, 당근, 우엉, 느타리버섯 등으로 구워 냈다.

노근영은 항시 찾아오는 손님에 대비해 우물에 여러 개의 통을 넣어 식혜, 열무김치 등을 시원하게 보관하며 신선한 음식을 내놓을 수 있도록 했다. 또 약과와 유과, 부각 등을 넉넉하게 만들어 항아리에 보관하게 했다. 사초국수와 함께 약과의 맛도 유명했다. 개평마을 일대 그 맛을 모르는 이가 없을 정도였다. 또 술상 대신 다과상을 내놓았는데, 다과상은 차와 함께 약과, 율란과 조란, 부각 등으로 차렸다. 율란과 조란에 솔잎을 끼워 넣어 손에 끈적끈적한 것이 묻지 않도록 하는 센스를 발휘하기도 했다. 차는 오미자차를 내오기도 하고, 겨울에는 임금님에게 진상했다는 곶감인 '준시'를 넣은 수정과를 내놓았다. 바둑 두는 데 불편함이 없도록 배려하는 섬세함을 보여 준다.

그러나 손님상 이외에는 소박한 음식을 즐겼다. 노근영은 성품 그대로 화려한 상차림은 멀리하고, 찬이 많이 올라오면 야단을 치기도 했다. 3첩 이상은 올리지 못하게 했으며 평상시에는 청국장이나 된장찌개, 겨울에는 무국이나 시래기국 등을 즐겼다. 다진 방아와 풋고추, 고추장, 된장을 넣어 반죽한 다음 아궁이에서 숯 몇 개를 꺼내 석쇠에 은근하게 구워 낸 장떡 또한 좋아했다.

이처럼 집안의 음식 역시 소박하지만 정성을 다해 정갈하게 준비하게 했다. 물욕이 없고 어려운 이를 보면 항상 베풀기를 좋아한 성품대로였다.

종가 땅문서를 걸고 바둑 둔 기인

노근영

  사초 노근영은 기인 기질이 다분했는데, 며느리의 산후 조리를 위해 보약을 지으러 나갔다가 바둑 친구를 만나 약을 손에 든 채로 서울로 바둑 유랑을 떠났다는 등 많은 일화를 남겼다. 패싸움을 즐겨 '노盧패', '노상패'라는 별명이 붙기도 했다.

  그는 전국을 유랑하며 바둑을 두었고, 더러는 집문서, 논문서를 걸고 큰 내기 바둑을 두었다. 바둑에 지면 노참판댁 고가가 가차압되고, 이기면 가차압이 풀리기를 반복했는데 그런 연유로 이 집의 등기가 무려 27번이나 바뀐 것이다. 정작 자신은 내기 바둑에서 이기더라도 돈을 대부분 나눠 주었다고 한다.

  그가 전국을 누비며 바둑 대국 여행을 할 때, 헐벗은 사람을 보면 자신이 입고 있던 옷을 벗어 주고 대신 누더기를 걸치고 집으로 돌아오는 일도 종종 있었다. 한 번은 동네 젊은이가 점심에 초대해 가 보니, 너무 가난해 고봉에 담긴 꽁보리밥과 김치, 풋고추가 전부일 정도였다. 꽁보리밥에는 파리떼가 몰려들었지만 고맙다는 말을 하고 식사를 즐겁게 마쳤다는 이야기도 전한다.

조선 팔도로 여행을 자주 다녔지만 고향과 가족에 대한 애착은 깊었다. 서울에서 손수 구입한 석쇠를 함양 집으로 보내 사용하라고 하는 등 자상한 면모를 보이기도 했다. 1900년부터 함양에서 명망 있는 유지 19명과 시회를 열었고, 1932년에는 상림 숲에 십구인정 十九人亭 혹은 초선정樵仙亭이라 불리는 정자를 건립해 매년 19인의 시회를 열었다.

2008년에는 사초노근영선생사적비가 개평마을에 세워졌고, 이 해부터 매년 함양에서는 노사초배전국아마바둑대회가 열리고 있다.

22

날것을 흠향하는 선비

생간납

의정부 서계종가

경기도 의정부시 장암동 수락산 기슭에 자리한 서계종택西溪宗宅.
조선 후기의 대표적 실학자 서계西溪 박세당(1629~1703)이 관직에서
물러나 낙향해 머물렀던 고택이다.

수락산 끝자락 넓은 대지에 자리한 고택에 들어서면 먼저 400년
넘은 은행나무 고목이 반기고, 그 뒤로 은행나무와 어울리는 기품
있는 모습의 고택이 눈에 들어온다. 저절로 눈길이 시원해지고 마음
이 맑아지는 분위기이다.

한국전쟁 때 대부분이 불에 타고 지금은 사랑채만 남아 있지만,
규모도 크고 멋진 사랑채 하나만으로도 여느 고택 못지 않은 멋과

박세당이 관직에서 물러난 뒤 지어 만년을 보냈던 서계종택 사랑채.

기품을 선사한다. 특히 사랑채 앞에 보기 드물게 넓은 잔디 마당이 펼쳐져 있어 일반 주택과는 다른 각별한 분위기를 선사한다. 사랑채 마루에 앉으면 앞으로 도봉산의 멋진 풍광이 눈앞에 펼쳐진다. 대지는 3,000평 정도이다.

사랑채는 정면 5칸에 측면 2칸 반 규모로 툇마루가 나 있고, 공부방과 침방, 강학 공간, 사랑마루와 누마루로 구성되어 있다. 사랑채 앞마당의 은행나무는 서계가 심었다고 전해진다. 높이가 약 20미터에 이르고, 둘레가 6.5미터다.

생간남

서계 박세당 불천위 제사상의 생간납(가운데). 날것인 소의 간과 천엽을 배와 함께 올린다.
© 농촌진흥청 국립농업과학원

이 종택에는 종손 부부가 살고 있다. 이 서계종가에 예부터 전해 내려온, 지금도 서계 불천위 제사상에 오르는 특별한 음식이 있다. 생간납이다. 돼지고기 편육과 잡채도 이 종가만의 특별한 제사 음식이다.

제사상에 오르는 생간납

서계종가에는 불천위 조상이 두 사람 있다. 서계 박세당과 서계의 부친인 하석霞石 박정(1596~1632)이다. 서계종가는 2위의 불천위 선조에 대한 제사를 지내 왔는데, 근래에 들어서는 2위의 신위에 대한 제사를 한꺼번에 지내고 있다. 제사 날짜는 후손들이 참석하기 편리하도록 중양절로 했다가 다시 한글날로 바꿔 지내 왔으나, 한글날이 공휴일에서 제외되면서 지금은 10월 3일 개천절에 지내고 있다.

이 불천위 제사상에 옛날부터 변하지 않고 오르는 음식이 바로 생간납이다. 다른 가문에서는 볼 수 없는 제사 음식이다. 생간납은 소의 간과 천엽을 날것으로 올리는데, 배와 함께 사용한다. 천엽은 소금을 넣고 깨끗하게 씻어 제기 길이로 썰어 두고, 간은 마른 수건으로 닦아 역시 제기 길이로 썰어 준비한다. 배도 껍질을 깎아 같은 길이로 채 썬다. 천엽을 펴고 배를 그 위에 놓은 뒤 김밥 말듯 돌돌 만다. 간도 마찬가지로 말아 제기 양쪽에 담는다. 그리고 그 가운데에 창호지를 동그랗게 잘라 얹고 그 위에 소금을 놓아서 올린다.

간납(肝納 또는 干納)은 제사에 쓰이는 전을 말하는데 간이나 천엽,

생선 등을 기름으로 지져 만든다. '누르미'라고도 하고 경기도 지방에서는 '갈랍'이라고 한다. 서계종가는 이런 일반적인 지진 간납이 아니라 날것을 그대로 사용한다는 점이 특별하다. 김인순 종부는 생간납이 제사상에 오른 이유에 대해서는 잘 모른다고 했다.

"시집온 지 35년이 되었지만 제사 음식을 그냥 시키는 대로만 만들었지 그 내력이나 이유를 물어본 적이 없는데 지금 생각하면 참아쉽습니다. 그 내력이 있을 터인데 말입니다. 불천위 선비는 선비중의 선비인 혈식군자(血食君子: 날것을 제향 받을 정도의 훌륭한 선비)라고 할 수 있는 만큼 이들에 대한 제사에서 혈식血食, 즉 날것을 올리는 데서 생간납이 유래한 것이 아닌가 생각합니다."

생간납과 함께 불천위 제사상에 오르는 음식으로 돼지고기 편육이 있다. 돼지 목살을 덩어리째 찬물에 담가 한 시간 정도 핏물을 뺀다. 그리고 물과 술, 간장, 다진 마늘, 다진 생강, 후춧가루 등을 넣어 양념장을 만든다. 핏물 뺀 고기에 양념장을 끼얹어 2시간 정도 재워 두었다가 그대로 냄비에 담아 삶는다. 고기가 충분히 익으면 건져 물기를 빼고 식혀서 얇게 저며 썰어 제기에 담아 올린다.

잡채도 제사상에 오른다. 당면과 쇠고기, 표고버섯, 당근, 양파, 파, 시금치, 황백 지단을 사용한다.

민중 중심의 학문을 외치다

박세당

서계 박세당은 1660년에 증광문과에 장원했으며, 성균관전적을 시작으로 여러 관직을 거쳤다. 1668년 서장관書狀官으로 청나라를 다녀왔지만, 당쟁에 혐오를 느낀 나머지 관료 생활을 포기하고 양주 석천동(지금의 의정부시 장암동)으로 물러났다.

한때 통진현감이 되어 흉년으로 고통을 받는 백성들을 구휼하는 데 힘쓰기도 했으나, 당쟁의 소용돌이 속에서 맏아들 태유泰維와 둘째 아들 태보泰輔를 잃자 여러 차례에 걸친 출사 권유에도 석천동에서 농사지으며 학문 연구와 제자 양성에만 힘썼다. 별세 때까지 홍문관부제학, 호조참판, 공조판서, 대사헌, 이조판서 등의 많은 관직이 주어졌지만 모두 부임하지 않았다.

병자호란의 국치와 당쟁의 격화로 말미암아 국력은 약화되고 민생이 도탄에 빠져 허덕이던 시기를 살았던 그는 이러한 국내외의 현실을 직시하며, 사회 개혁을 통한 민생의 구제를 목표로 하는 사상적 자주 의식을 토대로 학문과 경륜을 펼쳤다. 그는 당시 통치 이념인 주자학을 비판하고 중국 중심적인 학문 태도에 회의적이었다.

박세당은 노장사상을 통해 새로운 시각을 모색하려는 입장이었다. 도가 사상에 깊은 관심을 보여 노장서老莊書에 탐닉하면 되돌아올 줄 모르고 심취하게 된다고 스스로 고백할 정도였다. 그는 도가 사상을 민중 중심적이라고 보았던 듯하다. 이런 그의 학문은 자유분방하고 매우 독창적이었다. 그리고 백성들의 생활 안정을 위해, 명분론보다도 의식주와 직결되는 실질적인 학문이 필요하다는 실학 사상을 드러냈다.

박세당은 석천에서 농사지으며 은거한 지 10년 만인 1676년, 농서農書인 《색경》穡經을 저술해 남겼다. 박세당의 실학자다운 생각은 자신이 68세 때 자손들에게 남긴 〈계자손문〉戒子孫文에서도 잘 드러난다. 이 경계의 글에서 '자신의 장례를 간단히 치를 것, 3년 상식(上食: 빈소의 제상에 올리는 음식)을 폐지할 것, 일상 만사에 조심하여 명을 단축함이 없도록 근신할 것, 제사 음식은 사치하지 않고 형편에 맞게 절약할 것, 《논어》의 말씀대로 충忠과 신信을 행할 것, 형제간은 동기간이니 우의를 돈독히 하여 집안에 불상사가 일어나지 않도록 늘 어진 형제 관계를 유지할 것' 등을 주문했다.

특히 장례나 제사상 차림에 사치와 허례허식을 개선할 것을 구체적으로 주문하며 다른 사람들이 어떤 말을 하더라도 동요하지 말고 대대손손 지킬 것을 당부했다. 특히 3년 상식을 금할 것을 주문하면서 "훈계를 어기며 제사를 지낸다면 귀신이 있더라도 어떻게 너희들의 밥을 흠향하겠느냐"라고 말하기도 했다.

생각
날

23

내 집 일꾼 귀히 대접하는 방법

강릉 명숙공종가

질상

농경시대에는 농사를 짓는 일이 가장 중요하고, 농사꾼이 누구보다도 소중했다. 지금도 크게 다르지 않은데 농사꾼을 예전처럼 중요하게 여기지는 않는 것 같다.

우리나라는 농사 중에서도 논농사, 즉 모를 심고 벼를 수확하는 일이 핵심이었다. 과거 벼농사를 짓는 농부들은 모를 심고 김을 매서 벼가 별다른 손길 없이도 잘 자라게 되는 시점까지 허리를 펼 날이 없었다. 이렇게 벼농사가 일단락되어 잠시 찾아오는 농한기에 마을 일꾼들은 한자리에 모여 풍성한 음식을 마련해 잔치를 벌이기도 했다. 특히 인심 후한 종가에서는 솜씨와 정성을 다해 풍성한 음식상을 차려 마을 일꾼들을 대접했다. 강릉의 창녕 조씨 명숙공종가에서 차리는 '질상'은 그 대표적 사례이다.

일꾼들의 잔칫날, '질 먹는 날'

강릉시 난곡동 창녕 조씨 명숙공종가가 있는 마을은 서지鼠地마을이라고도 하는데, 서지는 쥐가 곡식을 물어다 갈무리해 두는 땅의 형상을 닮았다고 해서 붙여진 이름이다. 종택 뒤에는 대나무 숲이 있는 야산이 두르고 있고, 앞쪽에는 들판이 이어지는 골짜기가 펼쳐져 있다. 주변 마을은 대부분 같은 성씨들이 살던 집성촌이었다. 농사일도 집집마다 차출된 일꾼들이 모여 힘을 합해 품앗이로 했다. 품앗이를 함께하는 일꾼들을 '질꾼'이라 했는데, 대략 25명 정도 되었다.

모내기도 질꾼들이 순서를 정해 집집마다 돌며 하는데, 다 끝내려면 한 달 가까이 걸렸다. 모내기를 하고 모가 뿌리를 내린 뒤 김매기를 몇 차례 하고 나면, 벼가 왕성하게 자라기 시작한다. 그러면 잠시 일손을 쉴 수 있는데 이때가 7월 초순쯤 된다.

이때 날을 잡아 질꾼들이 명숙공종가에 모여 잔치를 했다. 모심기를 비롯해 그동안 해 온 품앗이 계산 등 결산을 하는 자리이기도 했다. 이날 점심에 질상을 차리는데, 집집마다 각기 음식을 가져오기도 하지만 종가에서 술과 떡, 영계탕, 밥 등 대부분을 차려 냈다.

명숙공종가의 9대 종부인 최영간 종부(71)는 스물여섯에 이 종가

질상

명숙공종가가 운영하는 식당 '서지초가뜰'이 손님에게 차려 내는 질상.
옛날 마을 일꾼들에게 정성을 다해 차려 내던 질상 그대로 내놓고 있다.

로 시집왔는데, 그 이듬해에 특별한 장면을 목격한다.

그해 여름, 질꾼들에게 음식을 대접하는 '질 먹는 날'이었다. 종택 마당에 질꾼들이 모인 가운데 품앗이 결산 등 회의를 마친 후, 당시 88세의 조인환 종손이 종가에서 일곱 살 때부터 잔심부름을 시키며 키워 온 20세 총각을 질꾼들 앞에 세워 놓았다. 그러고는 선군(질꾼 우두머리)에게 고개를 숙여 예를 표하며 부탁했다.

"내가 이 아이를 그동안 키워 왔는데, 이제 헌헌장부가 다 되었네. 나도 내일을 기약할 수 없는 형편이어서 자네에게 이 아이를 부탁하네. 잘 인도하고 돌봐 주며 좋은 질꾼으로 만들어 주기 바라네."

선군은 "예, 잘 알겠습니다. 눈여겨봤는데 가래질 솜씨도 좋고 해서 훌륭한 질꾼이 될 재목으로 충분하다고 봅니다" 하고 대답했다.

그러자 총각은 고맙다는 인사를 한 뒤 함지에 담긴 판례떡을 그릇에 담아 어른상과 선군상에 올렸다. 그리고 대나무 꼬치에 판례떡인 송편을 세 개씩 꿰어 질꾼들에게 하나씩 주고 술도 한 잔씩 따라 올렸다.

종부는 멀리서 본 이날의 풍경이 너무나 감동스러워 지금도 생생하게 기억하고 있다고 말했다. 시조부가 존경을 받는 유학자이자 종손 신분임에도 그동안 남의 집 아이를 정성을 다해 키워 왔고, 그 총각을 선군에게 맡기며 고개를 숙여 진심을 다하는 모습이 가슴 깊이 새겨졌

질상

던 것이다.

'판례'는 어린아이가 자라서 한 사람의 어엿한 일꾼의 일원으로 인정받는 의식을 말한다. 성인식인 관례가 있듯이, 판례는 일꾼 성인식인 셈이다. 판례 때 특별히 하는 떡을 '판례떡'이라 했다. 지금은 사라진 풍습이다.

일꾼 상이 가장 화려해야 한다

질꾼들을 위해 차려 내는 질상은 종가에서 차려 내는 음식상 중 가장 풍성하고 화려했다. 판례가 있을 때는 판례떡까지 더해져 더욱 풍성해진다. 고된 농사일을 일단락한 뒤 기력을 보충하고 여름을 건강하게 나도록 풍성한 보양식으로 차린다.

질상에 오르는 대표적인 음식으로 씨종지떡, 영계길경탕, 포식해 등을 들 수 있다. 씨종지떡은 모판에 뿌리고 남은 볍씨를 빻아 만든다. 일부러 질상을 차리기 위해 볍씨 용도의 나락을 넉넉히 보관해 두었다가 볍씨로 쓰고 남은 것을 사용했다. 이 종가의 볍씨 보관 독은 사람이 들어가 움직일 수 있을 정도로 컸다고 한다. 씨종지떡에는 쑥과 호박, 밤, 대추, 곶감 등이 들어간다. 맛도 좋고 보기도 좋다.

영계길경탕은 봄에 부화해 그동안 자란 영계를 수십 마리 잡아 넣어 만든다. 그리고 도라지와 인삼, 대추, 감자, 호박, 수제비 등이 들어간다. 영계삼계채는 닭살을 찢어 오이·인삼 채와 함께 넣고 참기름, 붉은 고추, 풋고추, 깨를 넣고 무쳐 낸다. 그 위에 통인삼 두 개

질상에 오르던 영계길경탕(위)과 씨종지떡(아래 왼쪽), 포식해.

를 얹어 마무리한다.

포식해는 제사상에 올렸던 대구포, 명태포, 오징어포 등을 모아 엿기름과 양념에 재운 뒤 찰밥과 고춧가루를 섞어 발효시켜 만든다.

그리고 판례가 있을 때 만드는 판례떡은 밤, 팥, 강낭콩 등을 소로 넣어 빚는 송편이다. 쑥, 치자, 해당화로 세 가지 색을 냈다. 세 가지 색깔은 축하의 의미를 담고 있다. 판례떡 송편은 일반 송편보다 훨씬 크게 만드는 것이 특징이다. 이밖에 잡채, 각종 전, 묵은 김치, 무선, 묵, 옥수수범벅 등이 질상에 올랐다.

질상과 함께 명숙공종가의 중요한 음식으로 못밥이 있다. 못밥은 질꾼들이 모내기를 할 때 질꾼들을 위해 모내기 기간 한 달 동안 차려 내던 음식이다. 이때도 시루떡, 백설기, 도라지자반, 쇠미역부각, 묵은 김치, 팥밥, 두부, 미역국 등을 정성 들여 아낌없이 차려 낸다.

정월대보름이 되면 질꾼들이 종가에 모여 모심는 순서를 정하는데 이를 '질 짠다'라고 했다. 이때도 풍성한 음식을 차려 낸다.

이 종가의 가양주는 송죽두견주로, 진달래꽃과 솔잎, 대나무잎, 꿀 등을 사용해 담근다.

질상 차림을 음식점 메뉴로

이런 질상 문화도 최영간 종부가 시집온 후 몇 해 지나지 않아 사라졌다. 종부는 정성을 다해 음식을 마련해 동네 주민들과 나눠 먹으며 모두가 한 식구같이 위해 주는 문화가 사라지는 것이 안타까

웠다. 또한 질상에 올리던 음식이 잊히는 것도 아쉬웠다. 그래서 1997년 강릉시농업기술센터의 지원에 힘입어 질상 음식을 되살려 일반인들에게 선보이는 사업을 준비해, 1998년 못밥과 질상을 메뉴로 하는 식당 '서지초가뜰'을 개업했다. 종택의 일꾼들 거처인 초가를 기와집으로 확장·건립해 음식점으로 개업한 것이다.

음식 재료는 거의 모두 무농약, 유기농으로 농사를 지어 사용한다. 종부는 시조부가 생전에 이야기한 "이 집 문지방을 넘나드는 사람 누구에게나 어머니의 마음으로 한결같이 대하며 살면 잘살게 될 것"이라는 가르침을 잊지 않고 실천하려고 노력하고 있다.

질상

대감 할아버지께 바치는 속성 된장

성주 응와종가

집장

경북 성주군 월항면 대산1리에 자리한 한개마을은 한옥이 즐비한 전통마을로, 2007년 국가지정 중요민속문화재 제255호로 지정됐다. 조선 초기에 형성되기 시작한 한개마을은 성산 이씨星山李氏들이 대를 이어 살아온 집성촌이다. '한개'란 '큰 나루'라는 의미이다. 옛날 마을 앞에 있던 나루 이름이 한개인 데서 유래했다.

한개마을은 조선 세종 때 진주목사를 역임한 이우(?~?)가 1450년 경에 입향한 이후 성산 이씨가 모여 살아 온 전통 씨족마을이다. 마을에 구불구불 이어진 토석담 길이 인상적인데, 사람들로 하여금 골목을 끝없이 걷고 싶게 만드는 매력이 있다.

응와종택 사랑채.
ⓒ 이영조

　이 마을은 훌륭한 인물도 많이 배출했다. 먼저 돈재兟齋 이석문 (1713~1773)이 있다. 그는 영조 시절, 사도세자가 뒤주에서 굶어 죽을 위기에 놓이자 세자의 호위 무관으로서 뒷날 정조가 되는 세손을 업고 와 대세를 바꿔 보려고 했으나 오히려 곤장을 맞고 벼슬에서 쫓겨났다. 낙향한 뒤에도 세자를 사모하는 마음에 북쪽을 향해 사립문을 내고 평생토록 절의를 지켰다고 전한다. 이석문은 그래서 북비공北扉公으로도 불린다. 그의 증손자로 공조판서까지 지내고 사후에는 불천위에 오른 응와凝窩 이원조(1792~1871) 역시 마을의 대표 인물이다.

이 응와종가의 불천위 제사상에는 다른 종가의 제사상에 오르지 않는 음식이 오르는데, 바로 집장이다. 집장이란 여름철에 바로 담가서 먹는 장으로, 본래 널리 만들어 먹던 음식이지만, 제사상에 오르는 것은 흔치 않은 일이다.

대감 할아버지께서 좋아하시던 집장

집장이 응와 이원조 불천위 제사상에 오르는 것은 이원조가 평소에 집장을 즐겨 먹었기 때문이다. 그래서 제사 때는 항상 집장을 마련해 한 접시 올린다.

"우리 집은 항상 집장을 신경 써서 만들었어요. 대감 할아버지(이원조)께서 평소에 그렇게 잘 잡수셨대요. 그래서 7월 불천위 제사 때 특별히 집장을 올립니다. 요즘 보통 집장을 밥솥에 하던데, 그렇게 하면 제대로 뜨질 않아요. 색깔도 다르고. 우리 집에서는 하루 종일 걸려도 은근한 불에 올려서 만듭니다. 오늘 오후에 하면 내일 오후까지, 딱 하루를 은근한 불에 올려 만들어 냅니다. 제가 처음 시집왔을 때는 집에 왕겨를 많이 쌓아 두고, 항아리에 야채하고 재료를 버무려 담아 뚜껑을 덮은 후 왕겨에 불을 붙여 만들었어요. 근래에는 왕겨도 없고 해서 하루 종일 불에 올려 중탕을 해서 만듭니다."

누룩과 야채(박, 가지, 고추, 부추 등)를 준비하고, 찰밥을 해서 뜨거운 상태로 준비한 누룩과 야채를 섞으면서 국간장으로 간을 맞추고 쌀엿이나 조청을 추가해 만든다. 부추는 중탕할 때 넣기도 한다. 채소 중에는 박을 가장 많이 넣는다. 그래야 맛이 있기 때문이다. 완성된 집장은 색이 검으면 안 되고 불그스레해야 잘 된 것이라고 한다.

집장은 속성 된장

집장은 16세기 중반에 김유가 저술한 《수운잡방》, 17세기 말엽 하생원이 쓴 《주방문》酒方文 등에 나온다. 먹기 시작한 지가 오래되었고 널리 해 먹던 장임을 알 수 있는데, 지금은 보기가 어렵다.

응와종가의 불천위 제사상에 오르는 집장.
© 응와종가

종택 사랑채인 사미당 마루에서 지내는 응와 이원조 불천위 제사.

집장은 된장처럼 여러 달 발효시키는 것이 아니고, 담가서 며칠 후 먹는 속성 된장이다. 즙장汁醬이라고도 하고, 채소가 많이 들어가 '채장'이라고도 하며, 삭은 집장의 색이 검은 빛이기 때문에 '검정장'이라고도 한다. 퇴비를 사용해 띄우기 때문에 '거름장'이라고도 불렸다. 경남에서는 '보리겨떡장'이라고도 했다.

집장은 여름철에 주로 담그는데, 숙성 기간이 짧아 담근 지 며칠이 지나면 먹을 수 있다. 새콤하고 고소한 맛이 나서 보리밥과 잘 어울린다. 이 집장은 지방마다 재료가 조금씩 다르긴 하지만 충청도, 전라도, 경상도 등 중부 이남에서 만들어 먹던 별미 장의 하나이다. 보통 콩과 밀을 혼합해 띄워 메주를 만들고, 이것을 가루 내어 소금, 야채와 버무린 다음 항아리에 담아 고온에서 띄운다. 항아리 입구를 기름종이로 봉하고 겉을 진흙으로 바른 후, 일정한 온도를 유지하기 위해 두엄 속이나 잿불 밑에 묻어 1~2주 정도 삭혀 만들었다. 만드는 방법은 지방마다 약간씩 차이가 있다.

강원도와 경북은 멥쌀가루와 불린 콩을 함께 쪄서 둥글게 빚어 1주일 정도 띄워서 바싹 말려 가루를 낸 후 무, 당근, 풋고추, 대파, 다시마, 멸치, 물엿, 소금을 섞어 잘 삭힌 다음 물기 없이 조린다.

충남은 밀쌀을 빻아서 물로 촉촉하게 적셔 시루에 찐 밀떡을 엿기름물로 반죽하여 따뜻한 곳에서 12시간 동안 삭힌 다음 풋고추, 가지, 고춧가루, 마늘을 넣고 소금 간을 하여 항아리에 밀봉해 퇴비 속에서 일주일간 삭힌다.

경남에서는 삶아 찧은 메주콩에 맷돌로 간 보리를 섞어 메주를 만들어 띄운 후 말려서 만든 메줏가루와 고춧가루에 끓여서 식힌 소

집
장

금물을 넣어 반죽한다. 그리고 소금물에 삭힌 풋고추와 소금물에 절인 가지를 섞어 밀봉하고 퇴비에 묻어 발효시킨다.

　막 익어서 따끈따끈한 집장은 콩, 밀, 무의 달착지근하고 부드러운 맛이 어우러져 입안에서 부드럽게 퍼지고, 가지, 호박이 잘근잘근 씹히는 맛이 독특하다. 그대로 반찬으로 먹거나 쌈장으로 먹으며, 찌개처럼 끓이기도 한다.

경계하라, 나라를 망치는 여섯 글자를.

이원조

이원조는 1809년인 순조 9년, 18세로 급제했다. 세도정치가 판을 치던 당시, 곧은 성품의 그로서는 벼슬길이 순탄할 리 없었다. 그럼에도 63년이나 일했다고 하니, 학자 관료의 모범이라 할 수 있을 것이다. 그가 남긴 글은 이 시대 공직자들도 새겨들어야 할 내용이다.

오늘날 나라 일을 맡은 자들은 오직 눈앞의 일만 처리하며 구차하게 세월 보내는 것을 계책으로 삼고 있다. 사사로움을 좇아 일을 처리하면서 '부득이 하다'라고 하고, 고치기 어려운 폐단이 있으면 '어찌할 도리가 없다'라고 한다. 이 부득이不得已, 무내하無奈何 여섯 자야말로 나라를 망치는 말이다. 요즘 같이 기강이 해이해진 시기에 법령을 시행하는 일은 참으로 어려운 바가 없지 않지만, 위에 있는 자들이 만약 과감하게 쇄신하면서 백관들을 독려한다면 어찌 천하에 끝까지 고치지 못할 폐단이 있을 것이며, 어찌 참으로 부득이 한 일이 있겠는가.

집장

25

보양식의 최고봉

안동 서후면 금계리에 있는 간재簡齋 변중일(1575~1660) 종택. 종택 뒤는 낮은 산이 두르고 있고, 앞으로는 하천이 흐르는 들판이 펼쳐져 있다. 봉정사로 가는 도로 옆에 있는 종택은 홍살문 뒤로 간재의 충효각을 비롯해 안채와 사랑채, 정자(간재정), 사당 등으로 이뤄져 있다. 2013년에 연못 위에 지은 '금학정'이 종택 앞에 자리하고 있어 눈길을 끈다.

평소 조용하던 이 간재종택에 2014년 8월 16일, 사람들이 몰려들며 북적거렸다. 간재종가 11대 종손 변성열 씨의 친척과 가족들이었다. 종손의 누님들 열 명과 외가 가족 등 무려 70여 명이 찾아들

간재종택 사랑채.

었으니, '열친회' 모임을 위해서였다. 이는 20여 년 전부터 계속되고 있는 가족 모임이다. 매년 여름 8월 15일을 전후한 주말에 모이는데, 이들은 사정에 따라 1박 또는 2박을 하며 서로 정을 나누고 조상의 가르침을 되새기는 시간을 갖는다.

열친회란 이름으로 모인 것은 아니지만 그 전에도 가까운 친척들 모임은 있었다. 이 모임은 간재종가에서 오래전부터, 최소한 종손의 조부 때부터 계속돼 오고 있다. 이 모임에 항상 빠지지 않는 여름철 보양식이 있다. 개나 염소를 잡아 요리하는 찜 요리인 흑염소찜과 개고기찜이다. 수육과 탕도 함께 준비한다.

흑염소찜

간재종가에서 해마다 여름철에 가족들이 함께 모여 정을 나누고 조상의 덕을 기리며 보양식으로 해 먹어 온 흑염소찜 재료(왼쪽 상단)와, 흑염소찜, 수육(오른쪽).

흑염소찜

간재종가의 건진국수 면.

거하게 치르는 가족 모임

열친회는 종손의 부친, 변용대 씨가 1994년 별세하기 전에 '가문 화합 모임'이란 전통이 사라질 것을 우려해 이름을 지어 주며 가족 모임을 이어 가라고 한 데서 비롯되었다. 열친회熱親會란 '마음을 다해 친목을 도모하라'는 의미이다. 모임의 참여자는 종손의 형제자매 11남매(1남 10녀)의 가족 그리고 종손의 사촌 및 외가 가족을 포함한다. 하지만 가족 내에서 그치지 않고 주변의 학봉 김성일 종가, 경당 장흥효 종가, 단계 하위지 종가 등 다른 종가의 종손을 비롯한 어른들을 초청해 개고기, 염소고기 찜과 탕 등을 대접한다. 간재종가는 오래전부터 이런 모임을 가져 왔다. 한여름에 가족들이 모여 개와 염소 요리로 여름철 기력을 보충하고 예절 교육, 가문의 역사 교육 등을 함께하면서 가족 간의 정을 나누었던 것이다. 종손의 부친 때는 물론, 조부 때도 그랬다. 그전에도 그랬을 것이라고 종손은 말한다. 간재종가의 이 같은 행사는 간재 변중일의 각별한 효친孝親과 경로敬老 정신을 잇는 일이기도 하다.

흑염소찜

이런 모임을 열 때 종부를 중심으로 한 부녀자들이 장만해 온 중심 요리가 바로 개고기와 염소고기 찜이었다. 미리 삶아 놓은 고기를 먹기 좋은 크기로 찢어 다양한 채소를 곁들이고 감자 가루를 사용해 쪄 낸다.

이날 점심도 종부가 종손 누나들과 같이 염소 고기와 개고기 찜을 비롯한 수육과 탕을 내놓았다. 모두들 오랜만에 맛보는 음식을 함께 나누었다. 건진국수도 곁들였다.

종손 누님들은 이날 자랑을 늘어놓았다.

"염소나 개 찜은 이 집안이 아니면 맛볼 수 없는 음식입니다. 먹기도 좋고 영양도 많아 여름철 보신 음식으로 그만이지요."

변성열 종손은 말한다.

"우리 집안에서 옛날부터 여름철에 날을 잡아 가까운 가족들은 물론 근처 마을의 어른들을 모셔 보양 음식을 대접하는 전통이 시작된 것은 간재 선조의 남다른 효심을 기리고 이어 받으려는 뜻에서 비롯되지 않았나 생각합니다."

왜적도 감동한 효심

변중일

　간재 변중일은 '하늘이 낳은 효자'라는 소리를 들을 정도로 효심이 각별했다. 나라를 향한 충성심도 남달라 임진왜란과 정유재란 때는 전장에 나아가 생사를 돌보지 않고 싸웠다. 그 효행과 충성심은 당시 선비들의 귀감이 되었고, 그의 사후 100여 년이 지난 후, 지역 유림은 그 충효 정신을 길이 전하고자 그를 불천위로 모시기로 결정했다.

　간재의 효심을 드러내는 일화가 전한다. 간재는 대추나 배 같은 것을 얻으면 자신이 먹지 않고 집으로 가져가 할머니나 어머니에게 드리는 등 효심이 각별했는데, 어느 때인가 어머니가 병이 났다. 진맥을 한 의사는 "꿩고기를 먹으면 낫는다"고 했다. 그런데 마침 큰눈이 내려 변중일이 꿩을 잡으러 갈 수 없어 애를 태우고 있는 중에 우연히 꿩 한 마리가 그의 방 안으로 날아들었다. 그 꿩을 잡아 모친에게 요리해 드리자 효험이 있었다. 이를 알게 된 주위 사람들은 모두 하늘이 그의 효심에 감응한 결과라고 입을 모았다.

또 한 번은 임진왜란이 일어났을 때 일이다. 왜적이 침범해 안동까지 밀려들자 동네 사람들 모두 피해 숨기에 바빴다. 당시 변중일은 18세로, 늙고 병든 조모와 함께 집에 있었다. 조모의 병세는 여름 더위에 이질까지 만나 움직일 수도 없을 정도로 위중했다. 그래서 조모를 간호하며 잠시도 곁을 떠나지 않고 애를 태우고 있었다. 결국 왜적이 총을 쏘며 마을에 들이닥쳤다. 집안사람들이 어찌할 줄모르고 황망해하는 가운데, 그는 먼저 모친을 업어 빽빽한 삼밭으로 피신시켰다. 그리고 다시 조모를 업고 피신하려고 했으나 조모가 곧숨이 넘어갈 지경이라 옮길 수가 없자 죽음을 무릅쓰고 곁에서 간호하며 무사하기만 빌었다. 마침내 왜병들이 집으로 들어와 그를 때리며 끌고 나가 칼을 빼 들고 죽이려고 했다. 이에 변중일은 간절하게 빌며 부탁했다.

"조모님은 연세가 여든이 넘는 데다 병환을 앓고 계십니다. 불효한 손자인 저는 죽어도 아무 상관이 없지만, 조모님만은 꼭 살려 주시기 바랍니다."

진심 어린 말을 들은 다른 왜병들이 변중일을 죽이지 못하게 급히 말리고는 부축해 일으킨 후 다시 방에 들어가 조모를 간호하도록 했다. 한 왜병이 "실로 하늘이 낳은 효자이다. 이곳까지 오는 동안 이 같은 사람은 본 적이 없다"라고 말했다. 이어 "우리가 떠나고난 후에 다른 왜병이 오면 화를 또 당할 수도 있으니 신표가 있어야할 것"이라고 한 뒤 깃발 하나와 칼 한 자루를 주며 "뒤에 왜병이오거든 이것을 보이며 사정을 이야기하라"고 일러 주었다. 당시 왜병에게서 받은 일본도는 지금까지 간재종가에 내려오고 있다.

변중일은 만년에 고향 집 동쪽 언덕에 정자를 짓고, 그 이름을 간재簡齋라고 지은 뒤 그 이유를 담은 《간재기》를 남겼다. 그 일부다.

큰일을 경륜해서 사람들에게 혜택을 주지 못했으며, 섬 오랑캐들의 난리에 온 나라가 상처투성이가 되었지만 몸을 바쳐 수치와 분통을 씻고 갚지 못했으니, 내가 이 세상에 무슨 뜻이 있겠는가. 그래서 몸을 숨기고 나의 뜻을 담아 내 서재의 이름을 지었다.

기와집이 아니라 초가로 한 것은 주거의 '간'이고, 담장에 흙을 바르고 단청을 칠하지 않은 것은 꾸밈의 '간'이다. 책상에는 거문고와 책 한 권이 있으니 그 즐거움이 번거롭지 않아도 내 정신을 기쁘게 해 주고, 못에는 연꽃 몇 뿌리와 버들 몇 그루가 있으니 많지는 않아도 내 눈을 즐겁게 해 준다. 이 모든 것이 내가 '간' 자에서 뜻을 취한 것이다. 또한 무릇 예가 번잡하고 화려한 것이 간소한 것보다 못하고, 일도 번거롭고 갖춰야 할 것이 많은 것이 간략한 것만 같지 못하며, 말이 수다스럽고 교묘한 것이 간단하고 서툰 것만 같지 못한 것이니 '간'이란 것이 중中에는 미치지 못하지만 그래도 원래 도를 해치는 것은 아니다. 나는 간으로써 내 삶을 즐기련다.

217

안동 정재종가 / 송화주

경주 최씨가문 / 교동법주

문경 장수 황씨종가 / 호산춘

아산 외암마을 참판댁 / 연엽주

경주 회재종가 / 가양주

안동 청계종가 / 정향극렬주

영주 괴헌종가 / 이화주

유가 밀양 박씨가문 / 하향주

공주 묵재종가 / 계룡백일주

청양 하동 정씨종가 / 구기주

파주 전주 이씨가문 / 감홍로

함양 눌제가문 / 솔송주

전주 한양 조씨가문 / 이강주

논산 여흥 민씨가문 / 왕주

정읍 은진 송씨가문 / 죽력고

모악산 수왕사 / 송화백일주

안동 / 안동소주

한산 나주 나씨가문 / 소곡주

술
치
레

26

자고 가는 손님에게만 권합니다

송화주

안동 정재종가

정재定齋 류치명(1777~1861) 가문의 종택인 정재종택(안동시 임동면 경동로)은 임하호가 내려다보이는 구암산 산자락에 자리하고 있다. 류치명은 퇴계 이황의 학맥을 계승해, 18세기 영남 성리학을 꽃피운 대학자이다.

정재종택 건물은 류치명의 고조부인 양파陽坡 류관현(1692~1764)이 1735년에 창건했다. 그래서 '양파구려'陽坡舊廬로도 불리었고, 그 편액이 지금도 걸려 있다. 원래 종택 건물은 임동면 한들에 있었으나, 임하댐이 생기면서 1987년 현재의 위치로 옮기게 됐다.

종택은 넓은 마당과 대문채, 안채, 사랑채, 행랑채, 사당 등으로 이뤄져 있다. 그리고 종택 근처에 정자 만우정晩愚亭이 있는데, 이 정자는 류치명 생존 당시에 그의 문인과 자제들이 건립했다. 류치명이 만년에 독서를 하고 후학들과 학문을 토론하던 공간이었다.

정재종택에는 현재 류치명의 6대손인 류성호 종손 부부가 살고 있다. 종손 부부는 텃밭을 일구고 종택을 돌보면서, 정재 불천위 제사를 비롯한 조상들의 제사를 모시며 종가 문화를 지켜 가고 있다. 이 정재종가의 종부들이 200년이 넘게 대를 이어 오며 빚어 온 가양주가 있다. 경상북도 무형문화재 제20호로 지정된 '송화주'다.

200년 대를 이어 온 송화주

정재종가에서 대를 이어 오며 빚는 가양주에는 송화주松花酒라는 이름이 붙어 있다. 1993년에 경상북도 무형문화재로 등록하면서 지은 이름이다. '송화'라는 이름 때문에 소나무 꽃을 사용하는 것으로 오해되기 십상이다. 하지만 실제로는 소나무 꽃인 송화松花가 아니라 솔잎을 사용하고 있다. 솔잎과 함께 국화 등의 꽃을 사용하기 때문에 소나무 송松 자와 꽃 화花 자를 합해 송화주로 지은 것이다. 당시 급하게 정한 이름인데, 적절한 명칭은 아닌 것 같다는 것이 류성호 종손의 설명이다.

정재종가 가양주는 언제부터 시작됐는지 기록이 남아 있지는 않지만, 적어도 정재 류치명이 생존할 당시부터 빚었던 것으로 보고 있다. 정재종가 김영한 종부는 정재종택을 처음 지은 양파 류관현 생존 당시부터 빚기 시작해 이어져 온 것으로 본다고 이야기했다.

현재 가양주는 김영한 종부가 전통 방식으로 빚어 제주祭酒와 손님 접대용으로 사용하고 있다. 지금도 판매용으로는 빚지 않고, '송화주' 이름을 단 술병도 따로 없다. 김영한 종부는 별세한 시어머니(이숙경)에게서 가양주 빚는 법을 전수받았다. 이숙경 전 종부는 또 그 시어머니에게서 배웠다.

다른 종가도 비슷했겠지만 정재종가는 특히 그 가양주가 맛이 좋아 정재종택을 찾는 친척이나 손님 사이에서 유명했다고 한다. 그래서 정재종가는 좋은 술을 빚고 그 술과 함께 차려 내는 술상을 마련하는 일을 매우 중요하게 여겼다.

김영한 종부가 처음 시집와서 법도를 잘 모르는 상태에서 술상을 준비했을 때, 서툰 점이 있었던 모양이다. 시어머니가 술상을 보고는 미흡한 점을 지적하며 술상을 함부로 내는 일이 없도록 하라고 주의를 준 적이 있다고 종부는 들려줬다. 집안의 범절을 나타내는 것인 만큼, 술상 차리는 일을 각별히 신경 쓰라고 강조한 것이다.

가양주는 봄과 가을에 주로 담그지만, 여름에도 접빈용으로 담그기도 했다. 예전에는 담그는 양이 많았지만, 요즘은 그 양이 많이 줄어들었다고 한다. 송화주를 빚는 데는 3개월 정도 걸린다. 재래식으로 재료를 장만하고 발효를 시키는 일은 보통 일이 아니다. 이숙경 전 종부는 1963년 길사(吉祀: 종가에서 종손이 부친 3년상을 마친 후 사당에 모시는 조상의 신위를 교체할 때 지내는 제례) 때 600여 명의 손님에게 가양주를 빚어 접대한 일도 있었다. 종택을 찾는 수많은 손님을 위해 그 많은 양의 가양주를 빚어야 했으니 얼마가 큰 어려움을 감내

해야 했을까 싶다.

　김영한 종부는 그런 과정을 보고 겪으면서 시어머니가 별세하고 나면 가양주 담그는 일은 그만두겠다는 마음을 먹기도 했지만 지금은 종가 문화를 지키는 소중한 일로 생각하고, 며느리와 자식들에게도 가르치며 가양주 전통을 잘 이어 가고 있다.

김영한 종부가 가양주인 송화주와 함께 차린 술상. 육회, 청포채, 견과류 등이 안주로 오른다.
© 정재종가

맑은 갈색 빛의 송화주.

술 빚는 법과 안주

송화주 재료는 멥쌀과 찹쌀, 누룩, 솔잎, 재래종 야생 국화 등이다. 국화는 가을에 종택 주변에 핀 국화를 따서 말린 뒤 사용한다. 여름쯤 술을 담그는 경우에는 이 시기에 피는 금은화(인동초꽃)를 사용하기도 한다.

술은 밑술과 덧술 두 차례에 걸쳐 담근다. 먼저 멥쌀 고두밥과 누룩으로 밑술을 담가 3일 정도 발효시킨다. 3일 후 이 밑술에다 찹쌀과 멥쌀로 찐 고두밥, 솔잎, 국화 등을 섞어 덧술을 담근다. 2~3주 발효시킨 후 술독에 용수(맑은 술을 빼내는 도구로서, 대나무로 만듦)를 박아 둔 채 숙성을 기다린다. 덧술 숙성은 3개월 정도 걸린다.

술의 도수는 14~18도 정도 되는 청주이다.

송화주를 만들 때는 청주와 함께 도수가 50도 정도 되는 증류주(소주)로 뽑아 사용하기도 한다. 맑은 갈색 빛깔의 청주 술맛에서는 감칠맛이 도는 가운데 솔향과 국화향이 은은하게 느껴진다. 솔향이 배어나는 소주 맛도 아주 좋다. 쌀 한 말을 쓰면 송화주가 일곱 되 정도 나온다.

40여 년간 매년 술을 서너 차례씩 빚어 온 김영한 종부는 모든 과정에 노하우가 필요함은 물론이고, 온도와 환경에 따라 달라지기 쉽기 때문에, 술 빚는 일이나 발효시키는 일이 언제나 쉽지 않다고 말한다.

정재종가는 가양주를 담그는 전 과정이 전통 방식을 따르고, 도구도 옛날 도구를 그대로 사용하고 있다. 종택 안채에 있는 한 창고를 보니 거름망인 체를 비롯한 용수, 주걱, 멍석 등 가양주 담그는 데 필요한 도구들이 가득했다. 빚은 지 시간이 많이 지난 송화주도 있고, 소주도 있었다. 지난 가을에 채취해 말린 국화도 유리병에 가득했다. 오랜 가양주의 역사를 확인할 수 있는 공간이었다.

여기에 안주가 빠질 수 없다. 육회, 청포채, 참가오리회, 견과류 등을 장만해 내놓는다. 김영한 종부는 말했다.

"예전에는 손님이 오면 무조건 가양주 술상을 내놓았는데, 최근 들어서는 다과상을 내는 경우가 더 많습니다. 자동차를 몰고 다니고 당일 왔다가 돌아가는 손님이 많기 때문이죠. 간혹 자고 가는 손님이 오면 술상에 내놓기도 합니다."

또 다른 가양주, 이화주

여름 술로 이화주梨花酒가 있다. 술이 배꽃같이 희어서 또는 누룩 만드는 시기가 배꽃 필 무렵이어서 붙여진 이름이라 한다. 이화주는 고려시대 때부터 빚어졌던 술로, 술 빛깔이 희고 숟가락으로 떠먹어야 할 정도로 걸쭉하다. 된 죽과 같아 그냥 떠먹기도 하고, 한여름에 갈증이 나면 찬물에 타서 마시기도 하는 특별한 술이다. 보통 술과 달리 멥쌀로 누룩을 만드는 데다 멥쌀가루로 구멍떡이나 설기떡을 만들어 술을 빚는다. 알코올 도수는 낮지만 유기산이 풍부하고 감칠맛이 뛰어나다.

정재종가는 여름 술로 이 이화주를 담가 사용한다. 늦은 봄에 멥쌀 누룩과 멥쌀을 주재료로 해 담가 1~2개월 숙성시켜 완성한다. 알코올 도수는 4도 정도이고 가족들이 여름 술로 즐기며, 손님들에게 내놓기도 한다.

송
화
주

작은 퇴계라 불리다

류치명

정재 류치명은 늦게 벼슬을 하기도 했지만 벼슬길에 크게 뜻이 없었다. 그는 학문(성리학) 연구와 저술, 후학 양성에 주력한 대학자였다. 영남학파의 거유巨儒로 "퇴계 이후 제일"이라는 평을 들은 그는 소퇴계小退溪로도 불렸다.

그는 85세로 별세할 때까지 건강하게 살았던 것 같다. 80세가 넘어서도 왕성하게 저술을 하고, 84세에 만우정에서 문하생들에게 주자의《인설》仁說을 강의할 정도였다.

전주 류씨 수곡파 가문 선조들의 행적을 기록한《가세영언》家世零言이 있는데, 이 내용 중 정재 류치명에 관한 내용을 소개한다. 집안 부녀자들에게 선조의 역사를 교육할 목적으로 한문본을 가사체 국문본으로 엮은《가세영언》에서 발췌한 것이다.

정재 선생은 대산 이 선생(이상정)의 연원으로 도학에 통달하시고

급문록及門錄에 기록된 문인이 육백여 분이고

대과에 급제하셔서 벼슬은 가의대부 병조참판이시고

외직은 전라도사 초산부사를 지내셨는데

초산서 회가回駕하실 때 진지 지을 쌀이 없어서

아랫마을 망지네 댁에 가서 쌀을 꾸어서 밥을 지었나니라

부인께서는 평생에 모시 치마를 입어보지 못하였다가

선생이 초산 부사를 가시게 되자 말씀하시기를

사랑에서 지금 만금태수를 가시니 모시 치마를 얻어 입어 보겠다 하셨으나

불행히 돌아가시니 관 안에 모시 치마를 썼나니라

　선생을 그 후 계묘년 구월 이십오일 본가 길사吉祀시 도유道儒 향유鄕儒 문친門親 육백여 명이 모인 도회석상에서 불천위로 결정하여 봉사하게 되었나니라

27

경주 가서 교동법주 안 마시고 오면 헛가는 거지

교동법주

경주 최씨가문

17세기 중반 이후 400년 동안 '9대 진사와 12대 만석꾼'을 배출한 가문으로 유명한 경주 최부잣집. 이 집안은 경주 최씨 최진립 (1568~1636)의 셋째 아들 최동량(1598~1664)의 후손 가문이다. 보기드물게 오랜 세월 동안 만석꾼 집안을 유지할 수 있었던 이유는 가훈 덕분이라 할 수 있다.

• 진사 이상 벼슬은 하지 마라 • 재산은 1만 석 이상 모으지 마라 • 흉년에는 재산을 늘리지 마라 • 과객은 후하게 대접하라 • 사방 100리 안에 굶어 죽는 사람이 없게 하라 • 며느리들은 시집온 후 3년간 무명옷을 입게 하라는 육훈六訓이 그것이다.

이 최부잣집은 1년 쌀 수확량이 대략 3,000
석이었는데 이 중 1,000석은 집에서 사용하고,
1,000석은 과객에게 베풀었으며, 나머지 1,000
석은 주변의 어려운 사람들에게 나누어 주었다
고 한다. 이처럼 과도한 욕심을 자제하고 검소
하게 살면서, 주위에 베풀고 이웃과 더불어 사
는 노블레스 오블리주를 실천한 삶의 철학
은 양극화가 심화되는 이 시대에 더욱 절
실한 가르침이 되고 있다.

　이 경주 최부잣집 가문에 또 유명한
것이 있으니 가양주로 빚어 오던 교동
법주다. 현재 교동법주는 중요무형문
화재로 지정돼 있고, 그 기능보유자는
최경 씨(72)다. 최경 씨는 종손이 아니다.
본래 교동법주는 경주 최부잣집 집안의 며
느리들에 의해 빚는 법이 전해져 왔으나 이런
저런 사정으로 대부분 단절되고, 지금은 최경 씨 집안
에서만 그 제조법이 온전하게 전해져 내려오고 있다.

임금의 반주를 궁중 비법 그대로

조선시대 사옹원司饔院은 대궐 안 궁중 음식을 총괄하는 부서였다.

교동법주

사옹원 여러 직책 중에서도 사옹원의 참봉은 임금의 수라상을 직접 감독하는 실무 책임자로, 비록 종9품의 말직이지만 아무나 할 수 없는 벼슬이었다. 남대문(숭례문) 안 사람과 신분이 확실한 충신의 가족들만 채용했다. 숙종 때 최동량의 장남인 최국선(1631~1682)은 지방 출신으로는 유일하게 사옹원 참봉에 등용됐다. 임진왜란과 병자호란 때 큰 공을 세워 정무貞武란 시호를 하사받고 불천위에 오른 최진립(1568~1636)의 손자인 덕분이었다.

최국선은 부富의 사회적 환원을 모범적으로 실천해, 가진 자의 본보기가 된 경주 최 부잣집의 중흥조이기도 하다. 그는 참봉 벼슬을 마친 후 경주로 낙향해 임금의 법주法酒를 궁중 비법 그대로 빚었다.

최국선과 그 후손들은 월성군 내남면 이조리에서 세거해 왔으나 최국선의 6대손 최기영 대에 이르러 지금의 경주시 교동으로 이사했다. 법주 양조 비법을 이어 받은 최기영 가문의 며느리들은 대를 이어 법주를 빚어 왔다.

이렇게 최부잣집 며느리들에 의해 전수돼 오던 법주는 최기영의 둘째 아들 최세구의 집안에서 온전하게 이어져, 그의 증손부 배영신(1917~2014) 대에서 1986년 국가 중요무형문화재로 지정되어 교동법주란 이름으로 오늘에 이르고 있다. 지금은 배영신의 아들인 최경 씨가 교동법주 2대 기능보유자로 그 전통을 잇고 있다. 최경 씨는 본래 서울에서 대기업에 다녔으나 부친이 별세하면서 모친이 홀로 지내게 되자 경주로 내려와 모친에게서 교동법주 빚는 법을 본격적으로 전수하게 되었다고 한다.

누룩(위)과
밑술을 빚는 과정.
ⓒ 교동법주

덧술을 빚는 과정.

"경주에서 교동법주 안 사오면 바보"

250여 년 전 최기영은 부모와 두 아들, 세린과 세구를 데리고 이조리에서 경주시 교동으로 이사를 했다. 당시 재산이 넉넉한 부자였기에 형 세린은 새로 대궐 같은 집을 지어 살았고, 동생 세구는 이조리의 집을 옮겨 와 살았다. 이건한 집은 원래 90칸 집이었으나 옮기면서 70칸으로 줄었고, 지금은 40칸 정도다. 근래 이 고택 대문채를 수리하다 대들보에서 '숭정 4년'(1644년)이란 연호를 확인했다고 한다. 최세구의 고손자인 최경 씨는 이 물봉진사(최세구의 아들인 최만선) 고택으로 불리는 곳에서, 부인과 식품공학을 전공한 아들과 함께 전통 방식대로 술을 빚고 있다.

교동법주의 주원료는 토종 찹쌀과 물, 누룩이다. 누룩은 밀 누룩이다. 물은 사계절 내내 수량과 수온이 거의 일정하고 맛도 좋은 집안의 재래식 우물물을 사용했으나 요즘은 우물이 오염돼 쓰지 않는다. 술을 빚을 때는 물을 일단 팔팔 끓인 다음 식혀서 사용한다.

먼저 찹쌀로 죽을 쑤고 여기에 누룩을 섞어 밑술을 만든다. 이 밑술에 찹쌀 고두밥과 물을 혼합해 덧술을 담근 뒤, 독을 바꿔 가며 2차 발효 과정을 거친다. 100일 정도 걸려 술은 완성된다.

색은 밝고 투명한 미황색을 띠며, 곡주 특유의 향기와 단맛, 약간의 신맛을 지니고 있다. 알코올 도수는 16~18도이다. 찹쌀로 빚은 술이라서, 술이 술상에 술잔을 붙게 할 정도로 점도가 높다.

"교동법주는 밑술을 빚어 발효하는 데 10일, 덧술 익히는 데 60일, 숙성시키는 데 30일이 걸리는 백일주입니다. 그윽한 향에서 덕

교동법주

주안상.

을 느끼고, 맑고 화려한 금빛에서 품위를 찾으며, 부드럽고 깊은 맛에서 선조의 얼과 정성을 헤아리게 되는데, 이것이 이 술을 마시는 품격입니다."

교동법주는 시중에서 구할 수 없다. 발효주여서 유통기한이 1개월로 짧을뿐더러 현대식 공정을 거부하고 전통 주조 방식으로 소량 생산을 고집하고 있기 때문이다. 그래서 "경주에 가서 교동법주 안 마시고 오면 '헛갔다'는 말을 듣고, 돌아올 때 안 사 오면 '바보' 소리를 듣는다"고 한다.

교동법주는 일반 민속주와 달리 통밀 누룩을 쓴다. 옛날엔 밀을 직접 심었으나 요사이는 믿을 만한 농가와 재래종 밀을 계약해 재배해서 쓴다. 이렇게 빚어진 교동법주의 맛은 경주를 찾는 각국 국빈과 명사들을 감동시키며 찬탄을 자아내게 했다.

최씨 집안의 반찬과 안주거리도 술만큼이나 명품이다. 쫀득쫀득한 쌀 다식과 꿀에 절인 송화다식은 혓바닥 위에서 사르르 녹는다. 약과의 고소한 맛과 소고기 육포의 감칠맛은 교동법주의 품위를 더욱 높여 주고, 참기름에 무쳐 낸 명태 보푸라기는 주안상을 더욱 푸짐하게 연출한다. 메주가루에 가지와 무청, 다시마, 박속, 부추, 닭고기, 쇠고기 따위를 넣어서 만든 집장도 잘 어울리는 안주다.

그리고 교동법주에 어울리는 특별한 안주가 있다. 가문의 내림음식인, 백김치의 일종인 사연지다. 고춧가루가 들어가지 않고 새우로 국물을 낸 사연지는 경주 교동에 사는 최씨 가문에서 10대째 이어 내려온 김치로, 담백하고 시원한 맛이 일품이다.

교동법주

28

임무도 잊게 만드는 망주

문경시 산북면 대하리와 대상리는 '한두리마을'로도 불렸다. '학덕 높은 선비들이 살고 있는 마을'이라는 의미의 도촌道村 또는 대도촌大道村에서 유래한 명칭이다. '큰도촌'이라 하다가 '한도리'로 변하고, 다시 '한두리'로 바뀌어 불리게 되었다.

대하1리에 도촌유거道村幽居라는 전서체 편액이 사랑채 처마에 걸린 고택이 있다. 마당에는 400여 년 전 이 고택이 건립될 때 심었다는 우리나라에서 가장 오래된 탱자나무 두 그루가 아름다운 자태를 자랑하고 있다. 창건된 지 400여 년이 지난 이 고택은 장수 황씨 한두리파(사정공파) 종택이다.

사정공司正公 황정黃珽은 영의정 자리에만 18년이나 있었던, 조선의 최고 명재상으로 꼽히는 방촌厖村 황희(1363~1452)의 증손자다. 황희는 영의정을 포함해 정승 자리에만 24년이나 있으면서 명군名君 세종을 도와 보기 드문 국가 융성의 시대를 열었다.

황정이 한두리에 터를 잡고 정착한 입향조이고, 현재의 사정공파 종택은 황정의 현손인 칠봉七峰 황시간(1558~1642)이 처음 건립한 것으로 전해지고 있다. 황시간은 서애 류성룡과 한강 정구의 제자로서, 삼가현감을 지낸 후 낙향해 후학을 양성하며 향촌 발전을 위해 열정을 쏟는 삶을 살았다.

이 장수 황씨 종택은 황희의 영정을 모시며 기리는 사당인 숙청사肅淸祠를 비롯해 사랑채와 안채, 고방채, 문간채, 우물 등으로 이뤄져 있다. 장수 황씨 사정공파 종가는 황희 정승의 맏이 집안은 아니지만, 현재 장수 황씨의 종택을 유지하고 있는 가문은 이 사정공파가 유일하다고 한다. 현재 이 종택은 황희의 22대손인 황규욱 종손이 관리하고 있으며, 일반에게 개방하고 있다.

이 종가에는 오래전부터 황희 정승의 생일인 음력 2월 10일에 사당인 숙청사에서 지내는 다례茶禮 행사 때 가양주를 빚어 올려 왔다. 이 가양주가 지금의 호산춘湖山春이다. 물론 다른 선조들 제사의 제주로도 사용해 왔다. 종가는 황시간을 불천위로 모시며 기려 왔는데, 지금은 불천위 제사는 지내지 않는다고 한다.

최고급 술 이름에만 붙던 '춘'

술 이름으로는 보통 주酒 자가 붙지만, 드물게 춘春 자가 붙는 술이 있다. '춘' 자가 붙는 춘주는 맑고 깨끗하며 맛과 향 등이 특히 뛰어난 귀한 술에 붙는 별칭으로, 당나라 때 생겨났다고 한다. 황실과 사대부의 가양주 중 주도가 높고 맛과 색, 향이 특별히 좋은 고급술에 '춘' 자를 붙여 춘주春酒로 분류했다는 것이다. 황규욱 종손은 도연명의 시 〈독산해경〉讀山海經에 나오는 작춘주酌春酒라는 문구를 예로 들었다.

호산춘은 문헌상으로 《산림경제》(1715), 《임원경제지》(1827), 《양주방》(1837) 등에 소개되고 있다. 우리나라에 '춘'이 붙은 술은 일반적으로 주酎의 무리에 속하는 것으로 특품의 술을 가리키며, 술을 담기 어려운 여름에는 소주를 내려 애용하기도 한 공통점을 지니고 있다고 한다.

조선시대에 '춘'자가 붙은 술로 호산춘과 함께 약산춘(서울), 벽향춘(평양) 등이 있었다. 하지만 현재까지 전해지고 있는 술은 호산춘밖에 없다고 한다. 호산춘이 이처럼 뛰어난 술이라는 것이다. 호산춘은 황정이 조선 초기에 문경 한두리에 자리를 잡을 때부터 가양주로 빚기 시작한 것으로 추정되고 있다.

황규욱 종손은 "증조할머니, 고조할머니도 가양주를 담근 사실이 확실하니 호산춘의 역사는 최소 200년은 넘는다"고 말했다. 칠봉 황시간 생존 시에 시작됐다면 400여 년, 입향조 황정 때부터라면 500년 정도까지 역사가 거슬러 올라간다.

여러 종류의 호산춘 술병.

　호산춘의 옛 한자 이름은 호산춘壺山春이었다. 전북 익산의 옛 지명이 호산壺山인 데서 유래한 이름이기 때문이다. 하지만 문경의 호산춘은 1990년 경상북도 무형문화재 제18호로 지정받을 때 황규욱 종손이 호壺 자를 호湖 자로 바꾼 것이다. 호산춘의 명칭과 관련해, 장수 황씨 후손 중 시 짓기를 즐기는 풍류객인 황의민이 자기 집에서 빚은 술에 자신의 호인 호산湖山에, 술에 취했을 때 흥취를 느끼게 하는 춘색을 상징하는 춘春 자를 넣어 호산춘이란 이름을 붙인 것이 '문경 호산춘'의 시작이라는 설도 있다.

　멥쌀과 찹쌀, 솔잎, 생약재, 누룩을 사용하는 호산춘은 두 번(밑술, 덧술) 담가 숙성시키는 과정을 거치는 이양주二釀酒다. 물을 타지 않는 원액 청주로, 주도는 18도다. 청주로는 도수가 매우 높은 술이다.

장수 황씨종택.

    밑술은 멥쌀로 담가 2주 정도 발효시키고, 덧술은 찹쌀을 밑술에 들어간 멥쌀의 두 배 양을 사용해 솔잎을 넣고 고두밥을 찐 뒤, 누룩과 물을 넣고 반죽한 후 밑술을 붓고 다시 버무려 숙성시킨다. 쌀 한 되에 술 한 되 정도 나오는데, 술맛은 매우 향기로운 가운데 솔향이 느껴진다. 맛이 진하고 깊은 편이다.

    호산춘과 관련한 일화도 전한다. 옛 문경은 상주목 관할이었는데, 상주목사가 지역에서 가장 세력이 큰 어느 가문의 종갓집에 들러 융숭한 대접을 받고 돌아가다가 호산춘이 생각나서 말을 돌려 황씨

종가를 찾았다. 호산춘 술독을 다 비우고 취해 잠이 들었다가 잠결에 요강에 든 오줌을 호산춘인 줄 알고 마셔 버리는 일도 있었다.

그래서 관리들이 술맛에 취해 임무도 잊고 돌아간다고 해서 망주忘酒로 불리거나 술에 빠져 몸과 집안을 망친다 해서 망주亡酒라는 별명이 붙기도 했다 한다.

종가의 자부심, 호산춘의 미래

호산춘은 현재 황규욱 종손과 송일지 종부 그리고 종손의 아들이 함께 빚고 있다. 종부는 무형문화재인 호산춘 술 빚기 기능보유자이다. 종손은 전수 조교이고, 아들이 전수자이다. 무형문화재 등록 당시에는 종손의 모친(권숙자)이 술을 담갔다. 권숙자 전 종부는 좋은 술을 담그기 위해 이른 새벽 종택 마을에서 나는 물을 길러 와 끓이고 식혀 사용했다고 한다. 지금은 좋은 지하수를 개발해 사용하고 있다.

가양주인 호산춘을 지켜 오는 과정에는 어려움도 많았다. 예전에는 종가의 경제적 여건이 좋았으나, 일제강점기와 한국전쟁을 거치며 종가가 몰락하면서 매우 어려운 시기를 견뎌야 했다. 어려운 상황에서 쌀 한 되에 술 한 되 나오는 가양주를 계속 빚는다는 것이 쉬운 일이 아니었다. 밀주 단속을 피하기 위해 다락에 감춰 뒀던 술독을 더 이상 감출 수가 없어 아깝지만 술 단지를 아예 뒷마당에 던져 부숴 버린 일도 있었다.

호
산
춘

어렵게 지켜 낸 호산춘은 그 술맛이 알려지면서 찾는 이들도 늘어났다. 레이건 미국 대통령이 방한했을 때는 청와대에서 전화를 걸어와 환영 만찬주로 쓰겠다며 호산춘을 보내 달라고 했다. 그래서 종손이 "우리는 술을 가져다줄 수 없으니 필요하면 와서 가져가라"고 했더니, 며칠 후 비서실에서 사람들이 직접 와서 술을 봉인해 가져갔다고 한다.

종손의 아들 황수상 차종손은 부친의 권유로 가양주 가업을 잇고 있다. 술을 마시지도 못하지만, 우리나라의 대표적 주류 회사에 들어가 이론과 실기를 배운 뒤 집으로 돌아와 부모를 도우며 술을 빚고 있다. 그는 안동대 대학원에서 미생물학을 전공하기도 했다. 호산춘은 이렇게 대를 이어 든든하게 전해질 수 있게 되었다.

29

고종황제를 위하여

연엽주

아산 외암마을 참판댁

충남 아산 송악면 외암리에 자리 잡은 외암마을은 2000년 1월에
국가지정문화재(중요민속자료 제236호)로 지정된 아름다운 마을이다.
2015년 10월 초순 청명한 가을날 외암마을을 찾았다. 마을 초입의
넓은 주차장에 차를 세우고 내려서니 어디 못지않은 아름답고 정겨
운 풍경이 눈에 들어왔다.

마을을 휘감고 흐르는 하천에는 꽃이 핀 갈대숲 속으로 맑은 물이
흐르고, 그 뒤쪽으로는 황금빛으로 물들고 있는 들판의 벼들이 마음
을 풍성하게 했다. 황금 들판 뒤로 단풍이 들기 시작한 느티나무, 감
나무, 밤나무, 산수유 등 고목들 속에 돌담을 두른 기와집과 초가집

들이 멀리 뒷산 설화산을 배경으로 펼쳐져 있었다.

다리를 건너 마을 길을 걸으니 돌담 골목길이 끝없이 이어졌다. 총 5킬로미터가 넘는 아름다운 길이다. 돌담길이 다른 전통 마을보다 넓은 데다, 돌담의 폭이 또한 유난히 넓어(50센티~1미터) 눈길을 끌었다. 멀리서 보는 마을 풍경도 아름다웠지만, 옛 기와집과 초가집이 어우러진 골목길을 걸으며 느끼는 정취 또한 각별했다.

이 마을은 옛 모습을 잘 갖춘 데다 아름다운 풍광을 갖추고 있어서 〈취화선〉, 〈태극기 휘날리며〉, 〈클래식〉, 〈덕이〉, 〈야인시대〉 등 영화나 드라마 촬영 장소로도 애용되었다.

참판댁 종손 이득선 씨의 설명에 따르면, 예안 이씨 집성촌인 이 마을에는 예전에는 이씨 외에는 거의 없었으나 한국전쟁 이후 이씨들이 다소 빠져나가고 외부 사람들이 들어오면서 지금은 68가구 중 47가구 정도가 이씨이다.

예안 이씨로서 이곳에 처음 입향한 사람은 명종 때 장사랑將仕郎 벼슬을 지낸 이정李珽이다. 이후 그 자손들이 번창했는데, 그의 6대 손인 외암巍巖 이간(1677~1727)이 가문을 빛낸 대표적 인물이다. 이간은 우암 송시열(1607~1689)의 학맥을 이은 수암遂菴 권상하의 수제자로, 그의 문하인 강문 8학사江門八學士 중 으뜸이었다. 사후에 이조판서로 추증되고 시호는 문정文正이며, 외암서원에 배향됐다. 마을 이름은 설화산의 우뚝 솟은 형상을 따서 지은 그의 호 외암巍巖에서 따온 것이다. 한자는 나중에 외암外巖으로 바뀌었다.

500년 동안 예안 이씨 집성촌으로 존속해 온 이 마을의 대표적 고택인 참판댁에 제주로 올리던 '연엽주'가 지금도 전해지고 있다.

연엽주의 핵심 재료인 누룩과 연엽.

연엽주.

고종이 약주로 선택한 연엽주

언제부터 외암마을 예안 이씨 가문에서 가양주 빚기가 시작되었는지는 정확하게 알 수 없다. 이득선 씨는 최소한 그의 고조부인 이원집(1829~1879) 때부터는 빚기 시작한 것으로 보고 있다. 최소한 150여 년 전부터 빚기 시작한 셈이다.

청와대 비서실장에 해당하는 비서감승이라는 벼슬을 한 이원집은 술과 음식을 비롯해 병에 대한 응급 처방, 농사 등에 대해 기록한 《치농》治農이라는 필사본 저서를 남겼는데 여기에도 연엽주 담그는 법이 소개돼 있다.

참판댁 연엽주는 고종과 관련된 일화가 있어 더욱 유명하다. 어느 해, 가뭄이 극심해 백성들이 기근으로 고통을 겪자 임금도 쌀밥을 먹을 수 없다며 고종이 잡곡밥을 해 먹게 되었다. 그러나 평소 자주 접하지 않던 잡곡밥이라, 잘 먹지 못하고 기력이 떨어지게 되었다. 이에 신하들이 대책 회의를 열어 옥체 보전을 위한 방편으로 전국의 약주를 수소문해 그중에서 가장 좋은 술을 선정해 올리기로 했다. 이때 전국에서 올라온 약주가 두견주, 국화주, 송화주 등 120종류나 되었다고 한다. 이 중에서 참판댁의 연엽주가 최고 좋은 약주로 채택되었다.

연엽주

새콤하고 그윽한 맛

연엽주는 연잎과 솔잎, 누룩, 감초, 멥쌀과 찹쌀 등을 사용해 만드
는 청주다. 가문의 제사 때 올리는 제주로 빚어 오던 술이다. 1990
년대 중반 쯤 종손의 막내아들 대학 학자금 마련을 위한 방편으로
일반인에게 팔기 시작했다. 조상에게 올리던 술을 판다는 것이 마음
편할 수가 없었지만 어쩔 수 없었다. 지금도 종택을 찾는 사람들에
게 판매를 하고 있다.

연엽주를 담글 때는 온 정성을 다한다 했다. 길일을 택해 술 담그
는 날을 정하고, 술을 담글 때는 침이 혹시나 튈까 입에 창호지를
물었다. 술독을 놓아두는 방향도 엄격하게 정했다.

연엽주를 빚을 때는 누룩이 특히 중요한데, 밀뿐만 아니라 녹두,
옥수수, 이팥 등을 사용한다. 연잎은 가을철 서리가 내리기 전, 잎이
마르기 전에 채취한다. 제철에 사용하기도 하고, 말려두었다가 수시
로 사용한다. 해마다 연잎을 60장 정도로 일정량 채취하는데, 연잎
을 다 사용했을 때는 연뿌리를 사용하기도 한다. 연엽주를 위해 연
농사도 짓고 있다.

연잎을 깔고 누룩과 고두밥, 솔잎을 물에 섞은 술밥을 담는 것을
반복하는 과정으로 술을 담그는데, 연잎은 한 항아리에 다섯 장 정
도 들어간다. 술 항아리는 짚을 태운 연기로 훈증·소독한 후 사용
한다. 적당히 발효되면 용수를 박아 맑은 술을 뜬다. 술은 겨울에는
20일 정도, 봄과 가을에 15일 정도, 여름에는 7일 정도 숙성시킨다.

연엽주의 알코올 도수는 13도 정도. 집에서 재래식으로 담그기 때

아산 외암마을 참판댁
술치레

문에 일정한 도수를 유지하기는 어려우며, 12도에서 15도 사이가 된다고 한다. 연엽주는 1990년 12월에 충청남도 무형문화재 제11호로 지정되었으며, 지금은 이득선 씨와 부인 최황규 씨가 함께 빚으며 며느리에게도 연엽주 빚는 법을 가르치고 있다.

연엽주는 색깔은 그리 맑지 않으나 맛은 매우 좋다. 솔잎 향과 연잎 향이 섞인 은은하고 오묘한 향이 나면서 부드럽고 그윽한 맛이 어우러진다. 약간 새콤하기도 하다.

연엽주의 최고 안주로는 암소 앞다리로 만드는 '족편'이 내림음식으로 전하고 있다. 부드러운 암소 앞다리를 은근한 불로 푹 고아 뼈를 건져 내고 광목이나 베수건으로 걸러 낸 뒤 실고추, 석이버섯, 계란 등을 넣어 굳힌 다음 썰어 낸다. 일종의 묵인 족편은 귀한 음식으로, 특히 노인들에게 알맞은 안주로 손꼽힌다.

"나라를 팔아먹는 신하는 되지 않으리라!"

이정열

참판댁은 외암 이간의 증손자에서 시작된 가문의 종택으로, 이간의 8대손인 이득선 씨 내외가 자녀들과 함께 지키고 있다. 참판댁이라는 이름은 이 씨의 조부인 퇴호退湖 이정열(1868~1950)이 이조참판 벼슬을 했기 때문에 붙여진 것이다.

고종의 아들인 이은의 가정교사를 맡기도 했던 이정열은 이간의 6대손으로, 일제가 조선을 손아귀에 넣기 위해 통상조약과 사법권의 이양을 요구하자 이를 거부하며 항거했다. 이를 앞장서서 추진하고 있던 책임자인 외부대신의 탄핵을 주장하는 상소上疏를 써서 올렸으나 받아들여지지 않자 "나라를 팔아먹은 조정의 신하로 일을 하면 후손들에게 거름이 안 된다"며 즉시 사임하고 낙향했다.

고향에 내려온 그는 칠은계를 조직해 충남 일대에서의 항일 운동에도 가담하면서 은거 생활을 했다. 고종은 올곧은 신하인 그를 곁에 두고 싶은 심정에서 여러 차례에 걸쳐 복직 명령을 내렸으나 끝내 그는 조정으로 돌아가지 않았다.

한편 고종은 가난하고 청빈한 선비인 그의 생활을 걱정하며 세 차례에 걸쳐 하사품과 전錢을 내리기도 했으나 그는 바로 돌려보내 곤 했다. 이에 고종은 '아예 집을 지어 주면 뜯어버리지 못하겠지' 라고 생각하며, 그의 고향에 창덕궁의 낙선재를 본뜬 집을 한 채 짓게 했다. 이렇게 마련된 집이 참판댁이다.

고종은 그에게 또 직접 퇴호退湖라는 호를 지어 주고, 당시 아홉 살이던 아들 영왕에게 글씨 퇴호거사退湖居士를 쓰게 해 만든 편액을 하사했다. 그 편액이 참판댁 사랑채에 지금도 걸려 있다. 편액에는 '고종황제 사호'高宗皇帝 賜號와 '영왕 9세 서'英王 九歲 書라는 문구가 있다.

30

시와 어우러지는 주안상

경주 회재종가 가양주

　조상을 받들고 손님을 접대하는 봉제사접빈객奉祭祀接賓客은 종가의 대표적 덕목이다. 이 봉제사접빈객에 빠질 수 없는 것이 술이다. 그리고 당연히 그 술은 종가에서 직접 빚는 가양주를 사용했다. 특히 조상 제사상에 올리는 제주는 각별한 정성을 다해 빚었다.

　종가마다 이런 가양주가 있었고, 그 술맛과 안주는 가문 안주인의 자존심과 품격을 드러내는 요소 중 하나였다. 선비들이 종가를 방문하며 이런 가양주 맛을 보는 즐거움은 각별했을 것이다. 환경 변화로 가양주 전통은 대부분 맥이 끊긴 것이 현실이나, 최근 들어 종가 곳곳에서 다시 가양주를 부활시키고 있다.

회재종택의 별당인 무첨당.

가양주

2014년 9월 하순, 경주 양동마을의 회재晦齋 이언적(1491~1553) 종가의 종택인 무첨당無添堂을 찾아 가양주 이야기를 들었다. 회재종택에는 이지락 종손과 신순임 종부가 아들 둘과 함께 살고 있었다. 이지락 종손과 대화를 나누면서 종택의 별당(사랑채) 마루에서 맛본 가양주 맛은 오래 기억에 남을 것 같다.

'무첨당'은 회재 이언적의 맏손자인 이의윤의 아호로, '조상에게 욕됨이 없도록 한다'는 의미다. 이 아호가 종택 별당의 당호인데, 종택 이름으로도 사용되고 있다. 손님을 맞는 사랑채이자 회재 불천위 제사 제청 등으로 사용되는 공간이다. 무첨당(사랑채) 마루에 걸린 석파 이하응이 쓴 '좌해금서'左海琴書 편액도 눈길을 끌었다. '고고한 영남左海의 선비琴書가 거처한 곳'이라는 의미로 종손은 풀이했다.

청명한 가을날, 막바지에 이른 배롱나무 꽃의 빛깔이 더욱 고와 보이는 마루에 앉아 간단한 주안상을 마주했다. 국화로 빚은 청주에다 안주는 북어 보풀과 집장, 육포였다.

술 빛깔은 약간 탁해 보였으나, 술맛이 정말 좋았다. 한 잔만 하자고 생각했는데, 나도 모르게 두 잔 반을 마셨다. 안주도 각별히 맛이 좋았다. 맑은 가을날 멋진 풍광의 한옥에 앉아 좋은 술을 한두 잔 마시니, 정말 겨드랑이에 바람이 일면서 날개가 돋아 신선이 될 것 같은 기분이었다.

회재종가 종부가 차려 낸 가양주 술상.
가양주는 재래종 국화 줄기나 솔잎을 사용해 빚는다.

국화와 솔잎으로 담그는 가양주

회재종가에는 가양주가 1년 내내 끊이지 않는다. 회재 불천위 제사를 비롯한 제사가 이어지고, 종택을 찾는 손님들도 끊이지 않기 때문이다.

종부가 술을 담그는 데 있어 가장 중요시하는 것은 정성이다. 술 담그는 날은 초하루를 피하고 '손 없는 날'이라는 그믐으로 잡는다. 술 재료는 봄과 여름에는 솔잎을 넣고, 겨울에는 국화를 사용한다.

국화는 서리가 내리기 전에 재래종 국화인 야생 국화를 거둬들여 갈무리해 두었다가 사용한다. 국화는 꽃은 따로 따서 모아 말려 두었다가 제사에 쓰는 전을 굽거나 국화차를 만들 때 쓰고, 술을 담글 때는 국화 줄기를 사용한다.

국화청주 담그는 법이다. 누룩을 빻아 햇볕에 말리고, 하룻밤 불린 찹쌀로 가마솥에 고두밥을 찐다. 밥이 식는 동안 가마솥에 국화 줄기와 약숫물을 넣고 달인다. 달인 물은 자연스럽게 식도록 둔다. 준비된 재료인 누룩과 고두밥, 국화 달인 물을 함께 넣고 버무려 치대면 뽀얗게 물이 나오기 시작한다. 차나락 짚을 태운 연기로 소독한 항아리에 버무린 재료를 넣고 기다리면 된다. 사흘 정도 지나면 술이 본격적으로 발효되는 소리가 들린다. 술이 다 익는 데는 여름 술은 일주일, 겨울에 담그는 술은 보름 정도 걸린다. 다 익으면 술을 떠서 서늘한 곳에서 더 숙성시킨다. 이 술의 알코올 도수는 12~13도 정도이다.

회재종가의 가양주는 언제부터 빚기 시작했을까? 회재 이언적이 부친의 제사를 지낼 때부터 빚었을 것으로 추정된다. 술 빚는 재료 나 방법이 지금과 똑같았을지는 모르겠지만, 종부에 의해 술 빚는 법이 전해 내려왔으므로 크게 변하지 않았을 것이다.

경북 종가들의 술안주, 북어보풀과 집장

집장과 북어보풀은 경북 지역 종가 곳곳에서 해 먹어 온 전통 음 식이다. 회재종가에서도 내림음식으로 지금까지 이어 오고 있다.

회재종가 집장은 콩가루와 통밀가루, 보릿가루를 작은 덩어리로 만들어, '따붓대'라 불리는 쑥 비슷한 풀을 깔고 그 위에 말려 둔다. 필요할 때 말린 덩어리를 가루로 만들어 찹쌀 풀과 물엿을 넣고 소 금 간을 해 버무린다. 여기에 무, 가지, 부추, 박, 다시마, 버섯, 열무 등 여덟 가지 속 재료를 준비해 모두 넣고 섞는다. 다음은 삭히는 과정이다. 옛날에는 두엄의 열기에 삭히기도 했는데, 지금은 전기밥 통에 넣어 36시간 정도 발효시킨다. 발효가 끝나면 큰 솥에 넣고 끓 여서 한 번 먹을 만큼의 양으로 나눠 보관한다.

북어보풀은 제사 때 쓴 북어포를 모아 베 보자기에 싸서 두드려 부순다. 가루가 어느 정도 나면 고운 가루를 모아 무친다. 천일염을 볶은 뒤 곱게 갈아 설탕과 참기름 등과 함께 넣어 무친다.

육포를 만들기 위해서는 우선 북어 대가리, 생강, 마늘 등을 넣어 달여 놓은 물에 배즙, 양파즙을 넣고 집 간장으로 양념을 만든다. 그 리고 넓게 뜬 쇠고기(홍두깨살)를 이 양념에 적신 뒤 잘 펴서 햇볕에 말린다. 하루 정도 말려서 꼬들꼬들해지면 거둬들여 잘 편 뒤 다시 말린다. 추운 날씨에 얼렸다 말렸다 해야 제맛이 난다.

　신순임 종부는 시를 쓰고 그림도 그리는 작가이기도 하다. 수시로 종가 생활을 소재로 작품을 만들고 있다. 그녀가 쓴 시집《양동 물 봉골 이야기》(청어출판사) 중 〈대구 보푸름〉을 소개한다.

시렁 위 뻐드렁하니 누운 대구 한 마리
바닷물 한 방울 없이 지느러미 독기 모으고
켜켜이 쌓인 먼지 속 가려움 몰라
바가지 탕 담가 뿌득뿌득 때 씻기니
바다냄새 맡았는가
제법 도톰해지고 꼬리 서기에

푹 적신 삼베 보자기로 둘둘 말아
서답돌 올려놓고
난타 공연 서너 판 벌리고 나니
차분히 가라앉은 대구 속
놋숟가락으로 살살 살점 긁어
참기름 설탕 소금 골고루 발라
주안상 올리면
보들보들해진 바다
손님 혀끝에서 노는데

엄마는 반가음식인데 안 배운다고
배워 남 주냐고 닦달이시었는데
믹서기 단추만 누르면 커트되니

이 무슨 횡재

북어 보풀.

가양주

간사한 입을 경계하라

이언적

회재 이언적이 음식, 건강 등에 대해 남긴 글은 찾아보기 어렵다. 다만 술을 비유적으로 언급한 글은 있다. '이로움을 말하는 입이 나라를 망친다'利口覆邦家賦라는 글이다.

간사하면서 이익을 탐하는 입에 감추어진 것이 사나운 짐승이며 독약이구나. 깨뜨리고 쪼개는 데 이르지 않음이 없도다. 처음에는 달콤하고 겸손한 말로 시작하므로 두려워할 만한 자취가 없으나, 정치를 어지럽히고 법도를 무너뜨리는 데까지 이르도다. 재앙이 끔찍함을 비로소 깨달았더라도 뉘라서 왕위가 뒤집어질 것을 헤아리리오. 쥐 이빨에 글이 파이듯 거기에서 재앙이 오는도다. 세 치의 달콤한 혓바닥으로 절절하게 말 꾸밈이여. 네 필의 말로도 따르지 못하도다. 간사한 마음을 춤추게 하고 교묘하게 꾸민 말로 영합하여 소곤대네. 매번 말을 뒤집고 주장을 바꾸면서 분간하기 어렵게 이리 둘러대고 저리 둘러대며 온갖 거짓말을 일삼네.

잠깐 임금 곁에 붙으면 달기가 아주 감주 같아 쉽게 임금 귀에 들어가서 옳고 그름이나 선과 악이 뒤바뀌고, 흰 것과 검은 것, 깨끗한 것과 더러운 것이 뒤집히며, 어질고 밝은 사람들을 붕당이라 모함하고, 바르고 곧은 사람이 간사하고 거짓된 사람이 되어 봉황과 참새도 구분 못 하는데, 누가 밝은 구슬과 율무 알을 살피겠는가.

　임금 마음이 이렇게 현혹되면 나라 정치가 무너진다. 잘 걸러진 술이 사람 입에 닿음이여. 그 맛을 좋아하면서도 취하는 줄 몰라서 마침내 쇠하고 어지러워 구할 수 없게 되니 위태로워 곧 죽게 될 것이다. 크구나, 천하 국가의 큰 근심이여. 사람의 입에서 생겨나서 입 밖으로 드러날 때에는 아주 작아 보이지만 사람에게 재앙을 입히는 것은 아주 크네. 현명한 임금이라면 환히 봐야 하지 않겠는가.

　거듭 말하노니 간사한 입을 가진 사람은 혀가 칼날 같아서 도를 무너뜨리고 이치를 훼손하며 임금을 어둡고 망령되게 하니, 환란이 싹트는 것이 여기에서 말미암지 않으리오. 경계하라, 임금 된 자여. 입에 단 말을 하는 자를 버리는 데 의심하지 말지라. 한 번 그 입이 열리면 나라가 망할 것이다.

가양주

31

술 빚는 법을 책으로 내다

정향극렬주

안동 청계종가

안동 내앞川前의 청계종가는 경북의 대표적 종가로, 의성 김씨 청계青溪 김진(1500~1580)을 파조(派祖: 한 파를 처음 세운 조상)로 한다. 김진은 학봉鶴峯 김성일을 비롯해 약봉藥峯 김극일, 귀봉龜峯 김수일, 운암雲岩 김명일, 남악南嶽 김복일 5형제를 과거에 합격시켜 벼슬과 학문으로 가문을 일으키게 한 인물이다. 자신의 입신양명보다 자식 교육에 모든 정성과 노력을 기울여 가문을 명문가 반열에 들게 함으로써, 자녀 교육의 대표적 성공 모델로 꼽히는 선비이다.

내앞에 있는 청계종가의 종택은 학봉 김성일이 중국 사신으로 갔다가 당시 중국 상류층 주택을 유심히 살펴 그 장점을 채택해 지은

《온주법》표지와 첫 장.

건물로, 독특한 면이 많아 건축 면에서 주목을 받아 온 건물이기도
하다.

　이 청계종택이 소장해 온 귀중한 유물 중 하나로, 술 빚는 법을 모
은 옛날 한글 필사본 조리서 《온주법》蘊酒法이 있다. 《수운잡방》, 《음
식디미방》과 함께 안동의 3대 고古 조리서로 불리는 이 책은 1700년
대 후반에 필사된 것으로 추정된다.

　이 책에는 57종의 술 빚는 법이 소개돼 있다. 조선시대 양반 가문
에서는 봉제사접빈객이 무엇보다 중요했고, 양반가 여성들이 봉제
사접빈객을 수행함에 있어서 술 빚는 일은 가장 중요한 소임이었으

정향극렬주

청계 김진 선생의 위패를 모시고 있는 사빈서원의 현판.
ⓒ 사빈서원 홈페이지

니 필사본《온주법》이 있게 된 것도 이러한 문화와 무관하지 않을 것이다.

종가마다 이런 가양주를 빚어 왔지만 생활환경 변화와 일제강점기의 금주 정책으로 가양주 전통은 거의 단절되게 되었다. 그러다가 최근 들어 전통 가양주의 맥을 다시 잇고 있는 종가도 늘고 있다. 청계종가에서도 최근 이《온주법》에 나오는 술들을 재현해 선보이고 있다. 청계종가 종손의 동생인 김명균 씨가 중심이 되어 술을 빚고 있는데 김 씨는 청계를 기리는 사빈서원과 청계종택을 관리하며 실질적으로 종가 문화를 지켜가고 있다. 그가 재현한 술 중 탁주에 속하는 '정향극렬주'와 증류주(소주)인 '적선소주'를 소개한다.

여름철 더위 이기는 술, 정향극렬주

《온주법》은 술 빚는 법이 주된 내용으로 되어 있어, 안동의 다른 두 조리서인 《수운잡방》이나 《음식디미방》과는 성격이 다르다. 여기에는 57종의 술이 소개돼 있는데, 다른 고 조리서에도 소개돼 있는 술들도 많지만, 그렇지 않은 술도 있다. 정향극렬주丁香極烈酒는 다른 조리서에는 없고 오직 《온주법》에만 나오는 술이다. 정향극렬주에서 '극렬'은 더위를 이긴다는 의미라고 한다. 정향극렬주는 음력 오뉴월에 담가 먹는 여름 술로, 더워도 상하지 않는 술이다.

또 정향극렬주는 찹쌀만 사용하는 술이다. 밑술을 담가 발효시킨 후 다시 덧술을 담그는 이양주다. 빚는 법은 간단하다. 찹쌀 한 되를 깨끗하게 씻은 뒤 잘 쪄서, 누룩가루 칠 홉과 끓인 물 한 되를 섞어 버무려서 항아리에 넣어 서늘한 곳에 둔다. 3일 후 이 밑술이 잘 발효되면, 이 밑술에다 밑술에 들어간 쌀의 열 배에 해당하는 쌀로 고두밥을 쪄서 밑술과 섞는다. 덧술을 담근 후 7일 정도 후면 술이 다 익는다. 익으면 술을 잘 걸러 마시면 된다. 술은 점성이 매우 높고 맛이 달며 향기롭다. 술을 즐기지 않은 사람들이 먹기에 특히 좋은 술이다.

한편 적선소주謫仙燒酒는 안동소주처럼 도수가 높은 증류주(소주)에 속한다. 술 이름은 '중국당나라 시인 이백이 좋아한 소주'라는 뜻이다. 이백이 적선, 주선酒仙, 시선詩仙으로 불렸기 때문이다.

먼저 멥쌀과 찹쌀, 누룩을 준비한다. 멥쌀 1.87킬로그램을 깨끗하게 씻어서 물에 담가 하룻밤을 재운 후, 가루를 만들어 끓는 물 24

정향극렬주.

리터로 죽을 쑨 다음 누룩가루 1킬로그램을 섞어 차게 식힌다. 이후 여름에는 3일, 겨울에는 5일이 지난 뒤 이 밑술에 찹쌀 5.3킬로그램을 깨끗하게 씻어서 하룻밤 담갔다가 쪄서 차게 하여 섞는다. 이 술이 익으면 소주를 내린다. 안동소주와 비슷한 맛이다.

《온주법》의 내용

《온주법》은 작자 미상의 조리서로 청계종가에서 소장하고 있었는데 1987년에 드러났다. 본래 작자가 정한 책 제목은 '술법'이다. '온주법'蘊酒法이란 한자명은 표지에 적혀 있는데, 저자의 남편이나 자손이 책의 품격을 더하기 위해 지은 제목으로 추정되고 있다. '온주법'에서 온蘊의 뜻이 '쌓다', '간직하다' 등인 것으로 볼 때《온주법》은 '술 빚는 법을 모아 놓은 책'으로 풀이할 수 있다.

김명균 씨는 가문의 족보 등 관련 문헌을 분석한 결과, 자신의 12대 조모인 예천 권 씨가 저자일 것으로 추정했다.《온주법》원본이 13대 조부인 표은瓢隱 김시온(1598~1669)의 사적을 기록한《숭정처사표은김공사적략》崇禎處士瓢隱金公事蹟略의 뒷면에 기록돼 있는 점으로 볼 때, 표은의 며느리인 예천 권 씨가 저자로 가장 유력하다는 것이다.

《온주법》은 17세기의《주방문》,《음식디미방》과 19세기의《술방문》,《술 빚는 법》,《김승지주방문》,《양주방》,《주방》,《규합총서》 등의 교량적 역할을 하는 책으로 평가된다. 또한 1700년대 후반 안

정향옥련주

동 지역 반가의 술과 음식 문화를 엿볼 수 있는 귀중한 자료이기도 하다. 서두에서 술의 효용과 양반가에서 술을 빚을 때 염두에 두어야 할 법도를 제시하고 있다. 즉 반가에서 술은 제사, 접빈객, 화목 도모에 필수적이므로 술을 빚을 때는 좋은 날을 택할 것을 비롯해 술 빚을 때 금할 사항과 조심해야 할 내용들을 적고 있다.

> 술법이다. 술은 신명을 움직이고 빈객을 기분 좋게 만드니 음식 중 이만한 것이 없다. 그러므로 옛사람이 고을의 정사政事를 술로써 안다고 여겼으니 양반 집에서 유념하지 않을 수 있겠는가.

《온주법》에는 총 130종의 조리법이 실려 있는데, 술법(양조법)이 57개 항목으로 단연 가장 많고, 누룩 만드는 법이 3개 항목, 장醬 만드는 법 4개 항목, 병과류 만드는 법 14개 항목, 반찬류 만드는 법, 식품 저장법, 약 만드는 법, 상 차리는 법 등이 담겨 있다.

선녀의 술을 재현하다

《온주법》술 재현에 본격적으로 나서고 있는 김명균 씨는 전통주에 대한 인식을 새롭게 하고 전통 가양주를 확산시키기 위해 부단히 노력하고 있다. 그동안 누룩 만드는 법을 재현함은 물론, 정향극렬주와 적선소주를 비롯해 이화주, 연엽주蓮葉酒, 서왕모유옥경장주西王母乳玉瓊漿酒, 사절주四節酒, 오호주五壺酒, 국화주, 황금주 등 열 종을 재현했다.

　이 중 서왕모유옥경장주에서 '서왕모'란 중국 신화에 나오는 신녀
神女로, '불사약을 가진 선녀'를 뜻한다.《수운잡방》을 보면 "서왕모
가 술을 마셔 백운가白雲歌를 불러 멀리 있는 마을까지 떠들썩하게
했다"라는 기록이 있는데 서왕모란 말이 술의 명칭에 많이 사용되
었음을 알 수 있다. '유옥경장'이란 '젖과 같고 옥처럼 맑다'라는 뜻
으로 술에 대한 찬사를 나타낸다.

　김명균 씨는《온주법》의 모든 술을 재현해 이 시대 사람도 즐기는
술로 만들어 보겠다는 생각이다.

정향은 렬주

32

어린이와 노인, 여자의 술

영주
괴헌종가

이
화
주

질서가 조화로운 집

영주시 이산면 두월리에 자리한 괴헌고택은 두월산 끝자락 경사진 대지에 내성천을 앞에 두고 서남서 방향으로 자리 잡고 있다. 터는 외풍을 막아 주고 낙엽 등이 모이는 삼태기형 명당으로 알려져 있다.

괴헌고택은 연안 김씨 영주 입향조인 김세형의 8대손 김경집(1715~1794)이 1779년에 지은 집이다. 김경집은 아들 괴헌槐軒 김영(1789~1868)이 분가할 때 이 집을 물려주었다.

손님들이 이화주를 맛보던 괴헌고택 사랑채.

이
화
주

괴헌고택 사랑채 마루.

김영의 호를 딴 괴헌고택은 사랑채와 안채, 사당 등이 유교 문화에 입각한 위계질서에 따라 배치되고, 구조 양식도 위계에 따라 격을 달리하고 있다. 대문채를 들어서면 사랑채와 안채로 이뤄진 'ㅁ'자 주거 공간이 자리하고 있고, 이 우측 뒤편 높은 공간에 사당이 있다. 김영의 손자인 김복연이 일부 중수했는데 이때 사랑채가 현재의 형태로 증축된 것으로 보고 있다. 사랑채가 돌출된 형태가 아니라 안채와 함께 'ㅁ'자 구획 내에 포함된 점이 여느 종택과는 다른 특색이다.

궁녀의 술에서 종가의 술로

앞서 설명했다시피, 우리나라 전통 술 가운데 이화주라는 아주 독특한 술이 있다. 여느 술과 달리 술 빛깔이 희고 죽과 같이 점성이 높아 그냥 떠먹기도 하고, 물에 타서 마시기도 하는 술이다. 이화주의 '이화'는 배꽃을 말하는데, 사실 이화주는 배꽃을 재료로 하는 술은 아니고 '배꽃이 필 무렵 빚는 술'이라는 의미다.

봄이 오면 매화와 개나리꽃을 시작으로 진달래꽃, 살구꽃, 자두꽃이 잇따라 핀다. 봄이 본격화되면 과수밭에도 꽃들이 다투어 피는데 복사꽃은 분홍빛으로, 배꽃은 흰빛으로 들판을 물들인다. 이 배꽃이 한창 필 때 빚는 술이 바로 이화주다.

이화주는 고려시대 때부터 빚어진 술이다. 다른 술은 누룩을 밀로 만드는 것과 달리, 이화주는 특별히 쌀로 누룩을 만들어 사용한다.

이
화
주

이 누룩을 '이화곡'이라고 한다. 그리고 멥쌀가루로 구멍떡이나 설기떡, 백설기를 만들어 술을 빚는다. 알코올 도수는 낮지만 유기산이 풍부하고 감칠맛이 뛰어나다. 고급 탁주로 분류할 수 있는 이 술은 걸쭉한 수프와 같다. 이화주는 쌀로만 빚기 때문에 서민층에서는 쉽게 빚어 먹기가 어려웠다. 사대부가에서 노인과 어린이의 간식으로 곧잘 이용되기도 했던 사실이 이를 말해 준다. 알코올 도수가 낮아 여성들이 마시기에도 좋은 술이었다.

이화주는 많은 종가에서 빚어 왔는데, 영주 괴헌종가에서는 약 300년 전부터 이화주를 빚어 손님들이 찾아오면 항상 특별한 술로 내놓았다. 괴헌종가 종부들은 봄이 와서 배꽃이 필 무렵이면 언제나 특별한 술, 이화주를 빚었다. 지금도 마찬가지다.

괴헌종가 이화주는 찹쌀과 멥쌀로 만드는 누룩인 이화곡을 사용해 빚는다. 불린 쌀을 빻은 뒤 동그랗게 뭉쳐 항아리에 담는다. 발효시키고 말리기를 거듭한 뒤 누룩가루를 만든다.

그리고 멥쌀과 찹쌀을 섞어 빻아 떡 찌듯이 쪄 낸다. 송편 빚듯 반죽한 다음 누룩가루와 엿기름을 넣어 여러 번 치댄다. 잘 치댄 것을 한 덩어리씩 뚝뚝 떼어 항아리에 담는다. 쌀 덩어리는 시간이 흐르면서 저절로 발효되어, 말랑말랑하고 죽 같은 형태의 노란 덩어리로 변한다. 가을이면 먹을 수 있다. 새콤달콤한 맛이 난다. 한 국자씩 그릇에 덜어 물을 타서 먹는다. 여자들이 먹을 때는 설탕을 조금 넣어 단맛이 돌게 한 뒤 내놓는다. 이 이화주는 한겨울에도 얼지 않으며, 몇 년을 두어도 상하지 않는다고 한다. 종가를 찾는 사람들에게 대접하고, 가족이나 친척들에게도 나눠 준다.

"이화주는 대대로 전해 내려온 우리 가문의 술인데, 손님이 찾아오면 대접하던 술이었습니다. 300년쯤 전부터 빚어 온 것으로, 궁녀들이 먹던 술로 알고 있어요."

괴헌종가 7대 종부 송은주 씨가 들려주었다.

옛 조리서의 이화주 빚는 법

1450년경의 조리서《산가요록》의 기록 중 이화곡 만드는 법과 이화주 빚는 법에 관한 설명이다.

2월 상순쯤 멥쌀 다섯 말을 물에 담갔다가 이튿날 곱게 빻아 깁체에 여러 번 쳐서 물을 적당량 부어 치대서 오리 알 모양으로 만들어 그대로 쑥에 싸되, 쑥 길이 그대로 맞추어 싸서 빈 섬에 담아 온돌방에 놓고 빈 섬으로 덮어 띄운다. 7일이 지나면 뒤집어 놓고 또 7일 후에 뒤집어 놓으며, 다시 7일 후에 꺼낸다. 거친 껍질을 벗기고 서너 조각으로 쪼개서 마른 상자에 담고 홑 보자기 포로 덮어서 날씨가 맑은 날이면 매일같이 볕에 말린다.

배꽃이 필 무렵 누룩(이화곡)을 꺼내 가루로 빻고 깁체에 쳐서 내리고, 다시 고운 모시베로 쳐서 고운 누룩가루를 만든다. 멥쌀 열 말을 가루를 내어 깁체에 쳐서 손바닥 크기의 구멍떡을 빚어서 끓는 물에 잠시 두었다가 큰 그릇에 담아 뚜껑을 덮어 밖에 두면 식는다. 떡을 아주 조금씩 떼어 술독에 담는데, 준비해 둔 누룩 가루를 쌀(떡) 한 말당 다섯 되 분량으로 넣고 두세

277

번 짓이겨 섞어 준다. 떡이 말라 있으면 떡 삶았던 물을 조금씩 뿌려 주면서 섞는다. 구멍떡은 손바닥 크기로 충분히 식혀서 독 안쪽 가장자리에 돌려 안치고 가운데는 비운다. 빚은 지 3~4일 후에 독을 열어 보아 온기가 있으면 바로 밖에 내어 차게 식힌 후 다시 제자리에 옮겨 놓는다. 서늘한 곳에 두었다가 5월 15일쯤 열어 사용하면 그 맛이 매우 달고 향기롭다.

《규곤시의방》, 《음식디미방》에는 "복숭아꽃 필 때 쌀을 튀겨 작 말하여 누룩을 만들어 서늘한 곳에 두었다가 여름에 백미를 깨끗이 씻어 곱게 빻아 구멍떡을 만들어 익도록 삶아, 식거든 쌀 한 말에 누룩 서 되 혹은 두 되씩 넣되, 누룩 가루를 두서너 번 체에 쳐야 부드러워진다. 서 되를 넣으면 오래 있어도 상하지 않고, 두 되를 넣으면 오래 못 둔다"라고 나와 있다.

남녀노소가 사랑한 술

이화주를 빚어 온 여러 가문의 사례를 보면, 이화주는 노인과 갓 젖을 뗀 어린 아이들의 간식으로 곧잘 이용되었고, 부유층이나 사대부가에서는 출가한 자녀의 사돈댁 인사 음식으로 장만해 가는 풍습도 있었다. 안동 김씨 가문의 이화주 이야기를 보면 알 수 있다.

예부터 넉넉한 집안에서나 빚어 노부모 봉양에 사용하는 술이었다. 또 출가한 딸이 친정에 오면 딸에게 만들어 주어 사돈집에 보내는 인사 음식

이화주를 빚는 누룩인 이화곡(위)과 이화주가 익어 가는 모습.

© 박관영

이
화
주

으로 쓰는 등 귀한 술이었다. 쌀로만 만들기 때문에 영양식으로 남녀노소 불문하고 즐겨 마셨으며, 더울 때와 배고플 때 갈증 해소와 허기를 달래 주는 청량음료로 즐겼다. 술을 전혀 못하는 사람이나 여인네들도 취기를 조금 느낄 정도여서 다들 애음했다. 이화주는 배꽃 필 때 빚는 술이다. 특히 한여름에 더위를 탈 때 냉수나 얼음물에 풀어서 한 잔 들이키고 나면 갈증이 말끔하게 씻기는 까닭에 집안 어른들이 즐긴 술이었고, 젖을 뗀 어린 아이가 배고파 할 때는 젖 대신 간식으로 이화주를 떠먹였다.

이처럼 이화주가 건강주로 인식되었음에도 맥이 끊긴 데에는 이유가 있을 것이다. 누룩을 쌀로 빚는 데다 물을 넣지 않는 까닭에 술을 빚기가 힘든 데 반해, 알코올 도수는 낮아 막걸리보다도 취기가 오르지 않아 서민들의 기호를 충족시키지 못했기 때문이 아닐까 한다. 또 탁주는 일반적으로 밀 누룩에 가급적 적은 양의 쌀로 빚는 경제적인 술로서, 대부분 물을 많이 타서 양을 늘려 마셨다. 이에 비해 이화주는 누룩까지 쌀로 빚는 술이어서 비용이 많이 드는 고급 탁주로 분류되어, 서민들은 엄두도 내지 못했을 것이다. 이처럼 비경제적인 술로 취급돼 일반화되지 못하고 맥이 끊어졌을 것으로 보인다.

괴헌종가의 종부가 종종 이화주를 빚고 있지만, 손이 많이 가는 이화주 빚는 일이 쉽지만은 않다. 이후에도 대를 이어 술 빚는 전통이 계속되기를 바랄 뿐이다.

33

꽃 없이도 꽃향기가 나더라

하향주

유가 밀양 박씨 가문

무형문화재로 지정된 술

술로는 유일하게 대구시 무형문화재로 지정된 전통주가 있다. 대구시 무형문화재 제11호인 하향주荷香酒다. 오래전부터 비슬산 기슭의 사찰과 마을에서 빚어 오던 술이다.

이름은 '연꽃 향 같은 술'이라는 의미지만, 실제로 연꽃 향기가 나지는 않는다. 연꽃을 재료로 쓰는 술도 아니다. 하지만 찹쌀만 사용하는 술이라서 감칠맛과 향기가 매우 좋아 술 중에서도 아주 품격이 높다. 그래서 그 향과 맛이 선비의 상징인 연꽃의 향과 성품에 비유할 만하고, 선비들이 좋아할 만한 술이라는 의미에서 그런 이름을 붙인 게 아닐까 싶다. 연꽃은 군자가 갖추어야 할 성품을 잘 갖추고 있는 데다 은은한 향기와 맑고 깨끗한 자태가 각별해서 선비들이 특히 좋아한 꽃이다.

비슬산 하향주는 비슬산 중턱에 자리한 도성암이 병란으로 불에 타 버렸다가 신라 성덕왕(재위 702~737) 시절 중수할 당시 인부들에게 제공하기 위해 토속주를 빚었는데, 이것이 시초라고 전하고 있다. 비슬산 하향주는 유가주, 음동주, 백일주 등으로도 불렸다. 유가주와 음동주는 '유가면 음리'라는 동네 이름에서 유래된 명칭이고, 백일주라 불린 것은 술이 발효되는 기간이 100일 걸렸기 때문이다. 또, 누룩과 쌀 외에는 다른 첨가물을 사용하지 않는데도 꽃향기나 과일 향기를 느낄 수 있어 방향주로도 불렸다.

이 술이 세상에 널리 알려진 것은 조선 광해군(재위 1608~1623) 때 일이다. 당시 나라에서 비슬산이 천연 요새로 국방상 가치가 있다고 판단해 군사를 주둔시키기 시작했다. 이때 명맥을 이어 오던 이 술을 본격적으로 빚기 시작했고, 주둔 대장이 왕에게 진상했더니 맛과 향기가 뛰어나 '천하 명주'라는 칭찬을 받았다. 이 소문이 널리 알려지자, 그 후 해마다 음력 10월이면 조정에 진상했다는 이야기가 전해 온다.

천하 명주라는 명성을 얻게 된 비슬산 토속주는 이후 지역 민가에도 전해져 빚게 되었을 것이다. 특히 17세기 후반에 입향한 달성군 유가면 음리의 밀양 박씨 종가에서 오래전부터 이 술을 가양주로 빚어 전승해 온 것으로 추정된다. 음리는 밀양 박씨가 살던 집성촌이다.

발효된 맛 그대로

하향주에 대한 기록은 여러 문헌에 나온다. 《양주방》, 《규곤시의 방》, 《음식디미방》, 《규합총서》, 《산림경제》, 《고사촬요》, 《주방문》, 《역주방문》 등에 그 빚는 법이 나온다. 기록들을 보면 하향주는 밑술은 멥쌀로 구멍떡이나 송편을 빚어 누룩과 섞는데, 죽과 같이 만들어 빚기도 한다. 그런데 덧술은 한결같이 찹쌀로 고두밥을 지어 밑술과 섞어 발효시킨다고 되어 있다.

비슬산 하양주는 밑술과 덧술 모두 찹쌀로 고두밥을 쪄서 사용한다. 밑술은 누룩 가루와 식힌 찹쌀 고두밥을 버무려 상온에서 3~5일 발효시키고, 덧술은 찹쌀 고두밥에 밑술을 섞어 담근다. 이때 약쑥과 인동초, 들국화를 달인 물을 함께 붓는다. 덧술은 3개월 정도 발효시킨다. 잘 익은 덧술은 1차 여과 후 3개월 정도 냉장 상태에서 숙성시킨 다음, 다시 한 번 정밀하게 거른 뒤 병에 넣는다. 알코올 도수는 17~18도이다.

비슬산 하향주가 시판되는 일반 청주류와는 다른 점이 있다면, 발효 후 술을 거른 뒤 활수, 즉 물을 섞지 않는다는 점이다. 그래서 도수가 18도로 높다. 조미제 등도 전혀 넣지 않고 멸균 처리도 하지 않는다. 누룩도 직접 만들어 사용한다. 그래서 하향주는 조미를 하거나 물을 섞고 멸균 처리를 하는 술과는 그 맛의 격이 다르다. 발

하향주

유가찹쌀로 빚은 하향주.

효된 상태 그대로의 맛을 유지하여 맛이 부드러우면서도 풍부하다. 향기도 깊다. 찹쌀만 쓰기 때문에 단맛도 나고 풍미가 높다. 연한 노란 빛깔에 점도가 느껴진다. 멸균 처리를 하지 않으니 유통 기간은 짧지만, 냉장 보관하면 6개월 정도는 맛을 유지할 수 있다.

최고의 누룩으로 빚는 술

비슬산 하향주는 1996년에 대구시 무형문화재(기능보유자 김필순)로 지정을 받았다. 현재 하향주는 제조기능 보유자인 박환희 씨가 유가면 양리의 양조장 '하향주가'에서 빚고 있다. 음리에서 대를 이어 빚어 오다 2011년 현재의 장소에 양조 시설을 새로 갖추고 하향주를 생산 · 판매하고 있다.

그 전에는 박씨 집안의 며느리들에 의해 하향주 빚는 법이 전수되어 왔다. 박환희 씨는 종가의 종손이 아니다. 집안의 종손이 어린 나이로 사망하면서 박환희 씨의 조부가 종가의 제사를 다 가져와 지내면서 종가 역할을 했다. 그 과정에서 가양주 빚는 법도 이어 받았을 것으로 보인다. 박 씨는 "할아버지가 승려 생활도 한 적이 있는 것 같고, 할아버지가 계실 때는 유가사나 도성암의 스님들이 집에 많이 들렀다"라며 어린 시절을 회상했다.

그는 할머니가 빚는 누룩 냄새, 술 냄새를 맡으며 자랐으나 자녀, 부인과 함께 미국으로 건너가 살면서 술과 멀어졌다. 그러다 1995년 하향주의 맥을 잇기 위해 가족을 두고 홀로 고향집으로 돌아와

하향주

하향주가의 저온 창고에서 발효 중인 하향주.
덧술 발효가 거의 마무리된 단계다.

2008년에 별세한 어머니(김필순)에게서 하향주 제조 비법을 하나하나 터득해 갔다.

하향주는 직접 만든 밀 누룩과 찹쌀을 주재료로 빚는다. 물은 비슬산의 지하수를 사용한다. 누룩은 여름철에 만드는데, 박 씨가 밀로 만드는 누룩은 전문가들에게서 최고의 누룩으로 평가받고 있다. 박 씨는 "누룩을 모르면 좋은 술을 빚을 수 없다"라고 강조했다.

'천하 명주' 하향주의 맥을 잇는다는 그의 자부심과 사명감이 각별하다. 품질을 더욱 개선해 더 많은 사람들이 찾는 세계적 명주로 발전시키겠다는 각오로 전문가도 영입하고 현대적 양조 시설을 보완하는 등 어려운 가운데서도 애를 쓰고 있다. 현재 하향주는 알코올 도수 18도 술만 시판하고 있으나, 45도 증류주도 시험적으로 빚고 있다. 박환희 씨는 우리 술을 빚는 사람으로서 당부의 말을 잊지 않았다.

"우리나라에는 지역마다, 가문마다 좋은 전통주가 많았는데, 일제 강점기를 거치면서 모두 단절됐습니다. 그래서 좋은 누룩도, 술도, 식초도 사라져 갔지요. 정부와 국민이 전통주에 대해 지원과 사랑을 꾸준히 가져 준다면 양주나 외국 맥주, 일본 사케 등이 점령하고 있는 술 시장도 우리의 술로 점차 바꿔 갈 수 있을 것입니다."

34

전통 방식 그대로 빚다

계룡백일주
공주 무재종가

백일주百日酒는 술을 빚는 데 100일 정도 걸린다고 해서 붙여진 이름이다. 이러한 백일주에 대한 기록은 《규곤요람》閨壼要覽을 비롯한 몇몇 옛날 조리서에 나타난다. 그리고 백일주는 전남·경북·충남 지역의 종가 등에서 오래전부터 가양주로 빚어 왔음을 확인할 수 있다.

전통적으로 백일주는 대부분 겨울철에 빚었다. 100일간 발효시키기 위해서는 낮은 온도를 필요로 하기 때문이다. 기록을 보면 백일주는 저온 장기 발효주로서, 세 차례에 걸쳐 빚는 삼양주三釀酒가 주류를 이룬다.

하지만 술 빚는 방법이나 재료 등은 지역마다 가문마다 달랐다. 《규곤요람》에서는 백설기(흰무리)를 지어 밑술을 빚고, 36일 후에 재차 백설기로 덧술을 빚는 이양주법의 방문(方文: 방법)으로 되어 있다. 전남 고흥과 충남 공주의 백일주는 죽(밑술)과 고두밥(덧술)으로 빚고, 경북의 백일주는 고두밥으로만 빚는 이양주법의 사례를 보여 주고 있다. 이런 백일주 중 지금까지 전통 방식대로 빚고 있는 대표적 백일주로 '계룡백일주'를 꼽을 수 있다. 충남 공주 연안 이씨 묵재默齋 이귀(1557~1633) 종가에서 전해 온 가양주다.

다양한 계룡백일주.

궁중의 술 제조법을 전수받다

1623년 3월 13일 밤 이귀, 김류, 최명길 등이 중심이 되어 광해군을 폐위시키고 능양군(인조)을 추대하는 인조반정이 일어났다. 당시 평산부사 이귀가 이끈 병력은 반정군이 대세를 장악하는 데 큰 힘이 되었다. 또한 이귀는 광해군 정권의 훈련대장 이흥립을 반정 세력 편으로 돌아서게 하는 데 결정적인 역할을 했다.

"훈련대장 이흥립은 조정에서 중한 명망을 지니고 있었으므로 여러 사람이 걱정하여 그 사위 장신을 시켜 설득하게 하였더니, 흥립이 '이귀도 함께 공모했는가' 하므로 장신이 '그렇다'고 하니 흥립이 '그러면 이 의거는 반드시 성공할 것이다' 하고 드디어 허락하였다"는 《연려실기술》의 기록은 이귀의 위상을 잘 드러내고 있다.

인조는 반정 성공 후 이귀의 공을 치하하면서 그 선물로 궁중에서 빚어 사용하던 백일주도 하사했다. 그리고 술과 함께 그 제조 기법도 연안 이씨 가문에 전하며 술을 빚도록 허락했다. 그래서 이귀의 부인인 인동 장 씨가 왕실에서 전수한 양조 비법으로 술을 빚었는데, 솜씨가 좋았던지 그 맛이 궁중에서 하사한 술맛보다 더 좋았다고 한다. 그래서 그 술을 오히려 임금에게 다시 진상했다고 한다.

그 후 백일주는 연안 이씨 가문에서 며느리들을 통해 대를 이어 400여 년 동안 전해 오고 있다. 가문의 제사 때 제주로 올리고, 손님에게 내놓는 술상에도 올려 손님들의 탄성을 자아내왔다.

이귀 가문의 이 술은 1989년 12월 충남무형문화재 제7호로 지정되면서 '계룡백일주'라는 이름으로 세상에 선을 보이게 되었다. 이귀의 14대손 이횡의 부인 지복남(1926~2008)이 그 기능보유자로 등록되었다. 지복남은 1994년 전통식품(계룡백일주 제조기능) 명인으로 선정되기도 했다. 지금은 15대손인 이성우 씨가 그 전수자가 되어 충남 공주시에서 계룡백일주를 빚고 있다. 이성우 씨는 종가의 종손은 아니다. 종손 집안에 대가 끊겨 양자가 들어오는 등의 과정에서 그 제조법이 이 씨의 조부 때부터 이 씨 집안으로 전해졌다고 한다.

꽃, 열매, 잎이 재료인 술

계룡백일주는 재래종 국화와 진달래꽃, 오미자 열매, 솔잎을 재료로 사용한다. 밑술과 덧술, 숙성 과정을 거치는데 100일 정도 걸려 술이 완성된다. 밑술은 멥쌀로 죽을 쑤어 식힌 다음 누룩을 섞어 담근다. 누룩은 찹쌀가루를 사용해 만든다. 통밀과 찹쌀을 같은 분량으로 섞어 거칠게 빻은 뒤 물과 섞어 반죽을 한다. 누룩은 여름철은 2개월, 겨울철은 3개월 띄운다.

밑술은 20일 정도 발효시킨다. 덧술은 찹쌀로 고두밥을 쪄서 말린 다음 밑술과 섞어 담근다. 이때 국화와 진달래꽃, 솔잎, 오미자 열매를 함께 넣는다. 재래종 국화는 서리가 내린 후의 꽃을 사용하고, 솔잎은 5~6월에 채취한 것을 사용한다. 진달래꽃은 봄에 채취해 말려 두었다가 사용한다. 물은 옛날에는 우물물을 사용했으나, 지금은 100미터 깊이의 지하수를 쓴다.

덧술을 담근 후 2개월 정도 발효시킨다. 덧술이 잘 발효되면 여과

계룡백일주

재래종 국화, 진달래꽃, 솔잎, 오미자 열매 등으로 덧술을 담근다.
ⓒ 한상오

한 뒤 20일 정도 저온 숙성시킨다. 여과는 옛날에는 용수를 박거나 광목으로 1차 거른 뒤 창호지로 다시 2차 여과하는 과정을 거쳤으나, 지금은 대량 생산 시설을 갖추면서 기계로 여과하고 있다. 발효 기간은 계절에 따라 약간씩 차이가 난다.

이런 과정을 거쳐 16도의 감칠맛 나는 약주인 계룡백일주가 완성된다. 옅은 황금빛깔도 좋고, 맛도 부드러우면서도 여러 가지 향이 섞여 나는 오묘한 향기가 은은하게 감돈다.

술은 보통 봄과 가을에 한 차례씩 담근다. 40도짜리와 30도짜리 증류주(소주)도 생산한다.

계룡백일주의 안주로는 참죽나무 순을 이용한 것이 대표적이다. 봄에 채취한 참죽나무 순을 살짝 데친 다음 찹쌀고추장, 참깨 등과 버무려 햇볕에 꼬들꼬들하게 말린 다음 다시 찹쌀 풀을 입히고 말려 완성한다. 이것을 냉장고에 넣어 두었다가 꺼내 잘라 술상에 올린다. 매콤하고 바삭바삭한 맛이 술과 잘 어울리는 최고의 안주라고 칭찬을 들었던 별미이다. 진달래(봄)와 황국(가을) 꽃잎을 찹쌀가루, 계피와 함께 지진 화전 역시 안주로 삼았다.

계룡백일주

임금을 향한 변치 않는 충정

이귀

 이귀는 아들인 시백과 시방, 양아들인 시담까지 모두 반정에 참여시킬 정도로 광해군 폐위에 모든 것을 걸었다. 인조반정 후 총 53명이 정사공신靖社功臣에 책봉되었는데, 일등공신에는 이귀를 비롯해 김류, 김자점, 심기원, 신경진, 이서, 최명길, 이홍립, 구굉, 심명세 등 열 명이 이름을 올렸다. 이들은 대부분 광해군 정권에서 정치적으로 소외된 서인들이었다.

 이후로도 이귀는 자신이 옹립한 왕 인조를 위해 자신의 모든 정치 인생을 보냈다. 인조 역시 이런 이귀에 대해 최고의 예우를 했다. 다음은 이귀의 비명碑銘 일부다.

 공이 병을 얻으니, 임금이 의원을 파견하고 내약(內藥: 내의원에서 제조한 약)을 보내 문병하도록 하기를 하루에 두세 번이나 하였다. (…) 임금의 거애 (擧哀: 죽은 사람의 혼을 부르고 나서 머리를 풀고 슬피 우는 것)하는 소리가 외정

外廷에까지 들렸다. 임금은 옷과 신발, 금단錦段 등 염습할 도구를 하사하면서 이르기를 "이귀는 자기가 알고 있는 일을 말하지 않음이 없었으니, 충성을 다하여 나라를 보필한 충직한 신하였다. 이제 갑자기 세상을 버려 내가 매우 슬피 애도한다" 하고, 또 이르기를 "그가 정승에 이르지 못한 것을 내가 매우 후회한다. 그에게 영의정을 추증하고, 특별히 묘 터를 보는 사람에게 땅을 가려 정해 장례를 지내 주어라" 하고는, 술을 하사하고 장례에 쓸 물자를 하사했다. 장사하는 날에 이르러 여러 자식들의 형편을 묻고 하사한 물품이 끊어지지 않았다. 또 하교하기를 "지난 밤 꿈에 선경(先卿: 죽은 이귀를 가리킴)을 보았는데 울고 있기에 나 역시 그의 손을 잡고 눈물을 흘렸다. 깨어 생각하니 슬픔을 견딜 수 없었다"라고 했다.

인조를 끝까지 지키고자 했던 이귀는 이원익, 신흠, 김류, 신경진, 이서, 이보(인조의 동생)와 함께 종묘의 인조 묘정廟廷에 배향되어 지금도 가까이서 인조를 바라보고 있다.

계룡백일주

35

지고는 못 다녀도
배에 넣고는 다니는 술

구기주

청양 하동 정씨 종가

충남 청양은 우리나라 구기자의 명산지다. 전국 구기자 재배면적
의 60%, 생산량의 70%를 차지하고 있다. 청양은 일교차가 크고 물
빠짐이 좋은 토양 등 적절한 자연 조건 때문에 최고 품질의 구기자
를 생산하고 있다. 현재 1,000여 농가에서 연간 200톤을 생산하고
있고, 구기자 술과 구기자 한과 등 다양한 가공 제품도 생산하고 있
다. 본래 구기자는 한국, 중국, 일본 등지에 분포되어 있으나 청양은
기후와 토양이 구기자 재배에 가장 적합해 청양 구기자가 최고 품
질로 각광받고 있다.

"구기자를 먹으면 어린이로 돌아간다"

대표적 한약재인 구기자는 달여 먹는 한약 조제 때 거의 빠지지 않고 들어가는 약재임은 물론이고, 차를 끓여 마셔도 좋다. 부드러우면서도 상큼한 맛과 그윽한 향이 좋은 구기자는 피로 회복, 시력 보호, 성인병 예방 등 그 효과도 뛰어나다. 구기자는 주요 강정제로 쓰이며 중국에서는 2,000년 전부터 각종 약방서에 그 효과가 비법으로 전해져 올 만큼 효능이 탁월하다. 중국 속담에 "집 떠나 천 리千里 길에 구기자는 먹지 마라"라고 하는 말이 있는데, 이것은 여행할 때 구기자를 먹으면 정기가 넘쳐 실수할 수 있음을 경계한 것이다. 일본에서도 "독신자는 구기자를 먹지 마라"라는 말이 회자되어 왔다. 이수광의 《지봉유설》에는 다음과 같은 재미난 이야기가 실려 있다.

하동 정씨 가문의 가양주인 구기주.

호서 지방을 여행하던 한 관리가 청양 고을을 지나다 15~16세로 보이는 여자가 80~90세 되어 보이는 백발 노인을 때리는 것으로 보고 그 이유를 묻자, 여자아이는 노인을 가리키며 "이 아이는 내 셋째 자식인데 약을 잘못 먹어 나보다 먼저 머리가 희어졌다"라고 대답했다. 이에 깜짝 놀라 말에서 내려 나이를 물으니 395세라 하였다. 그 비결을 물으니 구기자 술에 있다며 만드는 법을 가르쳐 줬다. 그래서 그 관리도 집에 돌아가 구기자 술을 담가 마시니 그 후로 300년을 더 살았다고 한다.

구기자는 특히 강정제와 간세포 생산 촉진에 효과가 크다. 구기자 나무 열매에 생산 촉진에 필요한 베타인, 비타민, 아미노산 등의 성분이 다량 함유돼 있기 때문이다. 피로 회복과 강장 효과뿐만 아니라 해열, 기침 방지, 원기 회복, 알코올 해독, 고혈압 예방 등의 효과도 있는 것으로 알려져 있다.

구기자는 수천 년 전부터 인류를 위한 최고의 약초로 사랑받아 왔다. 동양에서는 인삼, 하수오와 함께 3대 보약재로 구기자를 꼽았으며, 중국 천하를 통일한 진시황을 비롯하여 서태후 등도 구기자로 건강을 지켰다고 한다. 의서醫書에는 구기자에 대해 "몸을 가볍게 하고 노화를 견뎌 수명을 연장한다輕身延年耐老", "구기자를 먹으면 어린이로 돌아간다枸杞還童"라고 표현하고 있다.

구기자의 효능은 서양에도 잘 알려져 있다. 수 년 전, 가수 마돈나가 피부에 탄력을 주고 젊어 보이려고 구기자차를 장복長服한다고 영국의 BBC 방송이 소개해 관심을 끌기도 했다.

숙취 없이 깨끗한 불로장생주

청양 운곡면 광암리 하동 정씨 종가에서는 이 구기자를 주재료로 한 '구기주'를 150여 년 전부터 집안의 전통 가양주로 빚어 오고 있다. 하동 정씨 가문에는 "구기주를 지고는 못 다녀도 배에 넣고는 다녀야 한다"는 말이 전해지고 있다. 이 가문의 사람들이 맛도 좋고 건강에도 좋은 이 구기주를 얼마나 즐겼는지를 말해 주고 있다.

구기자주枸杞子酒가 아니라 구기주枸杞酒라 줄여 말하는 것은 보통 구기자나무 열매를 말하는 구기자만 사용하는 게 아니라, 열매는 물론 잎과 뿌리를 모두 활용하기 때문이다. 애주가들은 옛날부터 구기주를 불로장생주不老長生酒라 불렀다. 특유의 향과 감칠맛 그리고 뛰어난 강장 효과 때문이다.

현재 구기주를 빚고 있는 사람은 청양 하동 정씨 가문의 10대손 며느리 임영순 씨(74)다. 임영순 씨의 며느리 최미옥 씨도 시어머니에게서 구기주 담는 법을 배워 함께 술을 빚고 있다. 임영순 씨는 이 구기주로 1996년 전통식품명인 제11호로 지정받았으며, 2000년에는 충청남도 무형문화재 제30호로 지정받았다.

임 씨는 청양의 하동 정씨 종가에 시집오기 전에는 구기자를 본 적도 없었다. 구기자로 담근 술도 본 적 없음은 물론이다. 스물한 살 때 시집와서 20대에 혼자가 된 시어머니 경주 최 씨는 그런 임 씨에게 구기주 빚는 법을 가르쳤다. 시어머니 또한 자신의 시어머니인 동래 정 씨에게서 가양주인 구기주 담그는 법을 물려받았다. 구기주는 이렇게 최소한 150년 넘게 하동 정씨 종가 맏며느리에 의해 전

구기주

(왼쪽 위부터 시계 방향으로)
구기주 재료인 구기자나무 뿌리, 재래종 국화, 구기자나무 열매, 구기자나무 잎, 감초.

해져 오고 있다. 종갓집이기에 제사가 1년 내내 끊어지지 않는 데다 시어머니와 남편도 술을 좋아해 구기주 담그는 일이 임 씨에게는 가장 큰 일이었다.

"시어머니가 술을 좋아하셨습니다. 남편도 그렇고요. 시집을 오자마자 술을 빚으라고 해요. 그래서 싫은 소리 안 들으려고 시어머니가 시키는 대로 했지요. 그러면서 시어머니의 손맛을 배울 수 있었습니다. 집안에 술이 떨어진 날이 없었어요. 보름에 한 번씩은 술을 빚은 것 같습니다."

임 씨는 구기주가 건강에 특별히 좋은 술인 것 같다며 말을 덧붙였다.

"시어머니와 남편은 생전에 밤낮 없이 구기주를 드셨어요. 그런데 보통 사람이 술을 마시면 숙취도 있고 해서 다음 날 아침에 해장국을 찾는데, 시어머니와 남편 모두 그런 적이 없었습니다. 술을 많이 드셨지만 술로 몸을 버리지도 않았고 술병도 한 번 앓은 적이 없었는데, 술 담글 때 듬뿍 넣는 구기자 덕분이 아니었나 생각합니다."

새콤달콤, 감칠맛

구기주는 밑술과 덧술 과정을 거치는 이양주다. 밑술은 멥쌀과 누룩으로 빚는다. 누룩은 통밀을 깨끗이 씻어 빻아 만들고 45~50일 정도 띄운다. 독특하게 녹두와 쌀로 만든 누룩도 사용한다. 밑술을 4일 정도 발효시킨 뒤 찹쌀 고두밥과 누룩을 넣어 덧술을 담근다.

구
기
주

구기주의 누룩. 통밀로 만든 누룩과 쌀, 녹두로 만든 누룩 두 가지를 쓴다.

덧술 만들 때 쓰이는 두충나무 껍질.

이때 구기자나무, 두충나무 껍질, 감초, 재래종 국화 등을 넣는다. 구기자나무는 열매와 잎, 뿌리(지골피)가 다 들어간다. 농사를 직접 지어 수확한 뒤 말려 두었다가 사용한다. 다른 재료도 모두 직접 재배해 사용한다. 구기자나무 열매는 옛날에는 삶아서 사용했으나 지금은 말린 것을 그냥 빻아 사용한다.

이렇게 완성된 구기주의 알코올 도수는 16도이다. 구기주는 구기자 특유의 독특한 향이 있는 데다 달착지근하며, 새콤하면서도 감칠맛 나는 것이 특징이다.

구
기
주

36

우리나라 최초의 소주

감홍로
파주 전주 이씨가문

감홍로甘紅露는 조선시대 3대 명주로 꼽히던 전통주다. 평양을 중심으로 관서 지방에서 생산되던 특산 명주여서 '관서 감홍로', '평양 감홍로'로도 불리던 술이다. 한말의 학자이자 시인인 육당六堂 최남선(1890~1957)은 자신이 지은 《조선상식문답》朝鮮常識問答에서 '조선 3대 명주' 중 관서감홍로를 으뜸으로 꼽았다. 그다음으로 전라도 이강고와 죽력고를 소개했다.

'감홍로'라는 이름은 그 맛이 달고 붉은 빛을 띠는 이슬 같은 술이라는 뜻이다. 감홍로는 증류주인데, 이슬 로露 자는 증류된 술이 항아리 속에서 이슬처럼 맺힌다는 뜻으로도 해석된다.

이기숙 씨의 아버지(이경찬)가 1980년에 빚은 감홍로(위)와
현재의 감홍로.

우리나라의 소주는 고려 때 몽고에서 유입된 술인데, 관서 지방의 이 감홍로는 우리나라 최초의 소주로도 알려져 있다.

감홍로가 얼마나 맛있었으면

감홍로와 관련한 이야기는 예부터 많이 전해져 오고 있다. 유득공 (1749~1807)이 세시풍속에 대해 쓴《경도잡지》京都雜誌에서도 감홍로를 조선의 명주로 꼽고 있고, 서유구(1764~1845)의 《임원경제지》林園經濟志와 홍석모(1781~1850)의 《동국세시기》東國歲時記에도 언급되고 있다.

이규경(1788~1856)은 《오주연문장전산고》 가운데 물산변증설物産辨證說에서 "평양은 감홍로, 냉면, 골동반(비빔밥)이 유명하다"고 하면서 "중국에 오향로주가 있다면 우리나라에는 평양부의 감홍로가 있다"라고 적고 있다.

감홍로는 속담에도 등장한다. "질병에 감홍로"라는 속담이다. 낡은 질그릇 병에 감홍로와 같이 좋은 술이 담겨 있다는 말로, 겉모양은 보잘것없으나 그 내용은 멋지고 아름다운 경우를 비유하고 있다. 감홍로가 그만큼 좋은 술임을 말해 주고 있다.

이뿐이 아니다. 고대 소설《별주부전》에 자라가 토끼에게 용궁에 가자고 하는 장면 중, 용궁에 가면 감홍로가 있다고 꾀는 대목이 있다.《춘향전》에는 춘향이 이도령과 이별하는 장면에서 향단이더러 이별주로 감홍로를 가져오라고 하는 장면이 나온다. 그리고 "평안

감사도 제 싫으면 그만"이라는 속담이 있을 정도로 평안감사는 조선 관리들이 최고로 선망하는 자리인데, 그 이유 중 하나가 맛있는 감홍로를 마실 수 있어서라고 한다.

한약재를 가미하다

감홍로를 빚는 과정은 다음과 같다. 통밀을 갈아 누룩을 띄운 후 좁쌀밥(30%)과 쌀밥(70%)을 발효시켜 소주를 내린 후, 다시 숙성시켜 2차 소주 내림을 한다. 여기에 계피, 감초 등 일곱 가지 한약재를 넣어 침출한 술을 1년간 숙성하면 40도의 감홍로가 완성된다. 안주로는 녹두전, 육전 등을 주로 올렸다고 한다.

한약재는 용안육, 계피, 진피, 정향, 생강, 감초, 지초를 사용한다. 전에는 방풍을 사용했으나 얼마 전부터 법규 때문에 사용하지 못한다고 한다. 감홍로는 이처럼 다양한 약재의 향이 어우러져 향이 독특하고 부드러워 마시기에도 좋다. 독특한 향과 함께 미각과 시각, 후각을 모두 만족시키는 명주다. 술을 마시면 따뜻한 기운이 몸에 퍼지는 것을 느낄 수 있다. 이런 술이기에 선조들이 구급약으로 상비했다는 기록도 있다. 외국에 사신으로 갈 때 가져가 낯선 풍토에서 올 수 있는 질환을 치료하는 데도 사용했다고 한다. 감홍로 명인 이기숙 씨에 따르면, 최근에는 감홍로주 제조에 사용하는 재료 침출액에 항산화 효과가 있음을 확인한 논문이 발표되기도 했다.

"1526년 집필된 고전 의학 서적 《식물본초》에서도 '감홍로에 살

감홍로

감홍로의 재료(용안육, 계피, 진피, 정향, 생강, 감초, 지초)와 도구(오른쪽).

김홍로

감홍로를 빚는 데 쓰이는 통밀 누룩.

충 작용이 있다'라는 구절이 있어요. 쌀이 귀했던 조선시대 고관대작의 집에서는 약을 대신해 마셨다고 합니다. 돌림병 창궐 등 유사시엔 약으로 쓰기도 하고요. 감홍로를 한 잔 마시면 가슴속이 시원하게 뚫리는 듯해요. 그러다 조금 지나면 배가 따뜻해지는 느낌이 듭니다. 그만큼 혈액순환이 잘된다는 뜻이겠지요."

"감홍로는 아버지가 내게 남겨 주신 유산"

감홍로는 평양의 여러 집안에서 빚어 왔을 것이다. 그중 한 집안이 전주 이씨 평장사공파 가문이다. 이 가문의 감홍로는 한국전쟁 때 남한(파주시 파주읍 부곡리)으로 내려오게 된다. 2012년 감홍로 식품 명인으로 인정된 이기숙 씨가 만들고 있는 감홍로다. 이 씨는 1993년에 작고한 아버지(이경찬)에게서 스무 살 때부터 제조 비법을 배웠다.

이경찬은 1986년 우리나라 최초의 전통주 인간문화재로 지정된 주인공이다. 문배주 제조 인간문화재였는데, 그는 평양의 대표적인 전통주인 문배주와 감홍로를 빚어 왔다. 남한으로 내려오기 전, 평양에 살 때는 평양 최대의 양조장을 운영했다. 이경찬의 부친 때까지는 집안의 제사 때나 손님 접대용으로 감홍로를 빚어 왔으나 이경찬이 양조장을 열면서 크게 성업을 했다. 그가 평양에서 양조장을 하다가 월남하면서 감홍로와 문배주도 남한으로 내려오게 된 것이다. 그러나 남한이 1950년 귀한 쌀로 술을 빚지 못하게 금지하는 양

감홍로

곡관리법을 시행함에 따라 가양주를 마음 놓고 빚을 수 없었다. 그럼에도 이경찬은 집안 대소사에 쓰기 위해 몰래 감홍로와 문배술을 빚어 전통을 지켜 왔다. 그는 실내 온도 조절을 위해 술 항아리 옆에서 쪽잠을 잘 정도로 열성이었다. 온도가 너무 높아 발효되는 속도가 빨라지면 재빨리 물을 뿌리고 환기를 시켜 온도를 낮춰야 하고, 온도가 낮아 발효가 잘 진행되지 않는 것 같으면 군불을 지피거나 이불 등으로 감싸 온도를 높여야 했기 때문이다.

"아버지는 온화하고 자상해서 참 좋은 사람이었지만, 술을 만들 때면 너무나 엄격하고 까다로워서 무서웠습니다"라고 이기숙 씨는 회상한다.

이렇게 지극정성으로 평양 전통주를 30년이 넘게 빚은 결과, 마침내 대한민국 최초로 술 관련 인간문화재로 지정될 수 있었다. 그는 큰아들(이기춘)에게는 문배주, 작은아들(이기양)에게는 감홍로 제조 기법을 전수했다. 문배주는 2000년 남북정상회담 만찬에 오를 정도로 유명해졌지만, 감홍로는 이기양(1994년 전통식품명인 지정)이 2000년에 세상을 떠나면서 사라질 위기에 처했다.

문배주와 감홍로 제조법을 전수받은 이기숙 씨는 아버지가 그렇게 열정을 다해 빚어 왔던 감홍로가 잊히고 단절되는 것을 받아들일 수 없었다. 그래서 자신이 직접 감홍로 만들기에 나섰다. 2001년 감홍로 명인 지정 신청을 했으나 탈락했다는 통보를 받았다. 그러나 포기하지 않았다. 남편 이민형 씨의 적극적인 도움으로 2005년 감홍로 양조장을 건립해 본격적인 생산을 시작했고, 우여곡절 끝에 2012년에 전통식품명인으로 지정되었다.

"할아버지께서는 아버지의 술을 가장 좋아하셨어요. 아버지는 오직 할아버지를 기쁘게 해 드리기 위해 술을 빚었다고 말씀하셨죠. 아버지는 월남 후 한 12년 동안 감홍로를 제대로 못 빚었는데 당시 눈물을 보이기도 하셨습니다. 감홍로에 대한 애정이 그 정도로 컸던 것이지요. 그런 아버지를 보며 자랐어요. 이것이 아버지가 제게 남긴 유산이죠. 아버지의 유산이 씨앗이라면 저는 줄기가 돼서 아이들이 꽃을 피울 수 있게 도와줘야 한다고 생각합니다. 할아버지 한 사람을 위해 밤을 새우며 술을 빚으신 아버지의 마음을 우리 아이들에게도 알려주고 싶습니다."

이기숙 씨는 감홍로 빚기의 전통을 남편, 아들과 함께 이어 가고 있다.

감홍로

37

술 빚기는 삶의 중요한 부분

솔송주

함양 늘제가문

1부에서 언급한 대로, 함양은 조선시대 선비 사회에서 '좌 안동, 우 함양'으로 불리던 지역이다. 함양을 이처럼 선비의 고장으로 널리 알려지게 한 주인공이 일두 정여창이다. 그는 동방오현(한훤당 김굉필, 정암 조광조, 회재 이언적, 퇴계 이황, 일두 정여창)으로 불릴 정도로 성리학의 대가였다. 그의 고향인 개평마을 덕분에 함양은 선비의 고장으로 이름을 알릴 수 있었다.

정여창의 후손들이 500여 년 동안 살아온 개평마을은 지금도 고택 한옥들이 즐비한 대표적 전통 마을이다. 이 마을에 정여창 생존 때부터 담가 먹기 시작했을 것이라는 가양주가 지금도 전해 오고 있다. 소나무 순인 송순과 솔잎을 넣어 빚는 솔송주다. 정여창의 16 대손인 정천상·박흥선 부부가 빚고 있다. 일두가문에서 옛날부터 부르던 이름은 '송순주'였는데, 이들 부부가 대량 생산을 위해 1996년 주조 허가를 받을 때 '송순주'라는 이름을 사용할 수 없어 새로 지은 이름이 '솔송주'다. 솔송주는 한 가문에 전해 내려오던 전통 가양주가 대중주로 발전한 대표적 사례다.

500년 내림의 가양주

일두가문 가양주는 조선 초기인 정여창 당대에서 시작된 것으로 추정된다. 이 가양주는 본래 일두가문 대대로 전해 내려왔는데, 어느 때부턴가 종손 집안이 아니라 다른 후손 집안에서 그 가양주를 빚기 시작한 것 같다.

정여창의 13대손으로, 제천현감을 지낸 눌제訥濟 정재범 집안에서 그 가양주를 빚어 왔고, 지금 그 가양주 전통을 잇고 있는 후손도 눌제의 증손자 부부다. 정천상·박흥선 부부가 빚고 있는 솔송주는 지금도 정여창의 불천위 제사 때 제주祭酒로 오르고 있다.

박흥선 씨는 2011년에 105세로 별세한 시어머니(이효의)에게서 술 빚는 법을 전수받았다. 시어머니의 술 빚는 솜씨는 보기 드물게 뛰어났던 모양이다. 그 술을 맛보기 위해 눌제고택을 찾는 이들이 문전성시를 이룰 정도였다고 한다. 정천상 씨는 말한다.

"제가 어릴 때 어머니가 담근 술을 맛보기 위해 우리 집을 찾는 사람들이 줄을 이었습니다. 어머니는 술 빚는 일을 좋아하셨는데, 정씨 집안에 시집와서 손님을 접대하고 제사를 지내기 위해 술을 빚는 것을 삶의 중요한 부분이자 보람으로 여기셨던 것 같습니다."

솔송주는 찹쌀로 죽을 만든 후 누룩을 잘 섞어 밑술을 담근다. 밑술은 사흘 정도 발효시킨다. 이 밑술이 얼마나 잘 발효되느냐가 좋은 술을 만드는 관건이다. 이 밑술에 멥쌀로 고두밥을 쪄 식힌 후, 솔순과 솔잎과 함께 섞어 한 달 정도 숙성시킨다. 솔순과 솔잎은 살짝 쪄서 사용하는데, 떫은맛을 없애기 위해서다.

숙성이 끝나면 채와 창호지로 걸러 낸 다음, 다시 20일 정도 지난 후 맑은 윗술을 떠내면 지리산 솔송주라는 이름으로 세상에 나간다.

솔순과 솔잎은 매년 봄 4월 중순에서 5월초 사이에 문중 선산인 개평마을 주변 산에서 채취해 보관하면서 사용한다. 눌제고택에 딸린 솔송주 문화관에 가 보면 술 빚는 데 사용하던 전통 도구들을 다양한 솔송주와 함께 볼 수 있다.

남북정상회담 만찬장에 오른 솔송주

시어머니에게서 가양주 비법을 배운 박 씨는 가양주를 대중화하기 위해 1996년 주조 허가를 받아 명가원을 설립해, 솔송주를 생산·판매해 오고 있다. 이때 타 지역에서 '송순주'라는 명칭을 먼저 등록한 사람이 있어 이름을 '솔송주'로 정한 것이다. 솔송주는 13도인 발효주 청주와 40도인 증류주 소주 두 가지다. 현재 명가원에서

박흥선 씨(왼쪽)가 소나무 햇순과 잎으로 솔송주 덧술을 담그는 모습.

© 명가원

생산되는 제품은 솔순과 솔잎을 사용하는 솔송주 외에 머루주, 복분자주, 녹파주 등이다.

박 씨는 시어머니가 집에서 조금씩 담그던 술을 더 많은 사람들이 즐길 수 있도록 해 보라는 주변의 권유에 따라 명가원을 설립해 대량 생산하기 위한 사업을 시작했는데, 많은 시행착오와 어려움을 겪어야 했다. 경험과 감으로 빚던 것을 대량 생산을 위한 제조법으로 체계화하는 일이 쉬울 수가 없었던 것이다.

하지만 포기하지 않고 꾸준히 노력해 그 품질을 인정받으면서 많은 술 품평회에서 상을 받았고, 사람들에게도 널리 알려지기 시작했다. 2007년에는 노무현 전 대통령의 북한 방문 당시 남북정상회담 때 남측이 내놓은 공식 만찬주로, 2008년 람사르총회 때는 공식 건배주로 선정되기도 했다.

박 씨는 2005년 솔송주로 농식품부의 한국전통식품명인 제27호로 지정된 데 이어 2012년에는 솔송주가 전통주로 그 역사성과 보존 가치를 인정받아 경상남도 무형문화재 제35호(함양 송순주)로 지정됐다.

정작 박 씨 자신은 술을 전혀 못하는 사람이지만, 남다른 미감으로 가문 대대로 전해 내려온 가양주의 전통을 이어 가고 있다. 지리산 자락의 좋은 물과 함양의 좋은 토양에서 자라는 소나무 순과 잎을 사용해 가문의 며느리들이 정성을 다해 빚어 온 솔송주는 박흥선 명인의 뒤를 이어 이제 그 딸이 만들어 갈 것으로 보인다.

솔송주(소주).

38

복원을 넘어 대중화의 길로

이강주
전주 한양 조씨 가문

세시풍속 상식사전이라 할 수 있는 《조선상식문답》이라는 책이 있다. 최남선이 1937년 1월 30일부터 9월 22일까지 〈매일신보〉에 160회에 걸쳐 연재한 〈조선상식〉을 재정리해 1946년 간행했다. 조선의 풍속과 전통에 대해 문답 형식으로 쉽게 쓴 것이다. 그는 술의 격을 '로露 · 고膏 · 춘春 · 주酒' 순으로 구분하면서, 이강고梨薑膏를 죽력고竹瀝膏, 감홍로甘紅露와 함께 조선 3대 명주로 꼽았다.

문: 우리나라 술로 유명한 것은 무엇이 있습니까?
답: 가장 널리 퍼진 것은 감홍로甘紅露이니 소주에 단맛 나는 재료를 넣

고 홍곡紅穀으로 발그레한 빛을 낸 것입니다. 그다음은 전주의 이강고梨薑膏이니 뱃물과 생강즙, 꿀을 섞어 빚은 소주입니다. 그다음은 전라도의 죽력고竹瀝膏이니 푸른 대를 숯불 위에 얹어 뽑아 낸 즙을 섞어서 고은 소주입니다.

이 세 가지가 전국적으로 유명하던 것입니다. 이밖에 금천의 두견주, 경성의 과하주처럼 부분적으로 또 시기적으로 좋게 치는 종류도 여기저기 꽤 많으며, 누구 집 무슨 술이라고 비전秘傳하는 것도 서울과 시골에 퍽 많습니다마는 근래 시세에 밀려 대개 없어지는 것이 매우 아깝습니다.

1935년 조선주조협회가 발행한 자료집인 《조선주조사》朝鮮酒造史에도 이강고에 대해 조선 상류 사회에서 애용되어 오던 술로 설명하면서 제조법을 설명하고 있다. 서유구(1764~1845)가 지은 농업 백과사전 《임원경제지》에도 이강고에 대한 주방문酒方文을 싣고 있다.

배의 껍질을 벗기고 돌 위에서 갈아 즙을 고운 배 주머니에 걸러서 찌꺼기는 버리고, 생강도 즙을 내 받친다. 배즙, 좋은 꿀 적당량, 생강즙 약간을 잘 섞어 소주병에 넣은 후 중탕한다.

이강주(이강고)는 이처럼 조선 상류 사회에서 빚어 마시던 대표적 명주로 전라도와 황해도에서 주로 빚어 왔다. '이강'이라는 이름은 전통 소주에 배梨와 생강薑을 넣어 만들었기 때문에 붙은 것이다. 약소주藥燒酒인 셈이다.

이강주

전주 이강주 재료인 배, 계피, 울금, 생강(왼쪽부터 시계 방향).

© 전주 이강주

최고의 진상품을 재료로 빚다

이 '전주 이강주'도 전주의 한양 조씨 가문에서 대대로 빚어 오던 가양주였다. 조정형 명인의 6대조가 한양에서 벼슬을 하다가 전주로 내려와 정착하는데, 이강주는 이때부터 가양주로 빚어지기 시작한 것으로 보인다.

"할아버지가 전주부사, 즉 군수를 하셨어요. 그때는 완산부사라 했는데, 물론 다른 지역 부사도 하셨지요. 족보를 보면 당시 집안 식솔이 60명이었습니다. 그때 술을 많이 빚었는데, 이강주와 함께 다른 술도 빚었지요. 식솔도 많고 손님도 많으니까 약주를 많이 빚었겠지요. 그래서 맑게 거른 것은 제주로 쓰고 고급 손님에게 대접하며, 탁한 것은 농사일 하는 사람들이 마시고 했지요. 그리고 당시는 냉장고도 없는 시절이라 장기간 보관하며 마시기 위해 소주로 내려놓았지요. 그런데 소주로 만들 때 배, 생강, 울금, 계피를 넣어 약소주로 만든 것입니다."

옛날에는 완주 봉동의 생강이 가장 유명해 왕실에 진상도 했다. 울금도 전주에서 특별히 재배해 진상했다. 울금은 중국 황실에서 혈압과 당뇨를 조절하고 정신을 안정시키기 위해 사용되던 것인데 조선 왕실로 도입되어, 재배하기 적당한 환경인 전주에서 특별 재배하도록 해 전주에서 재배되었다.

전주는 배로도 물론 유명했다. 이렇게 진상품이 될 만큼 좋은 재료는 모두 넣어, 이강주를 빚기 시작했던 것이다. 이강주 재료에 대한《동의보감》의 약효 설명은 이렇다.

이강주

숙성 중인 이강주.

전주 이강주.

배는 폐를 보하고 신장을 도우며, 담을 제거하고 열을 내린다. 종기의 독과 술독을 푼다. 생강은 따뜻한 성질이 있고 몸을 따뜻하게 하며 소화를 돕는다. 울금은 성질이 차며 맛은 맵고, 간장 해독 촉진과 담즙 분비 작용 등 효과가 있다. 계피는 속을 따뜻하게 하고 혈맥을 통하게 하며, 혈액순환을 촉진하고 위와 장을 튼튼하게 한다. 벌꿀은 오장육부를 편안하게 하고 기운을 돋우며, 비위를 보강하고 아픈 것을 멎게 하며, 독을 풀 뿐 아니라 온갖 약을 조화시키고 입이 헌 것을 치료하며 귀와 눈을 밝게 한다.

이런 약재를 쓴 덕에, 이강주는 옅은 노란색을 띠며 맛은 달콤하고 매콤한데 많이 마셔도 잘 취하지 않는 편이고 뒤끝이 깨끗한 술이라는 평가를 받는다.

세계인의 입맛에 맞게 변신하다

전주 한양 조씨 가문의 며느리들이 이렇게 가양주로 빚어 오던 이강주는 조정형 명인에 의해 그 맥이 이어져 세상 사람들에게 본격적으로 선보이게 되었다. 조정형 명인은 1980년대 초부터 이강주 빚기에 나섰다. 비단 이강주뿐만이 아니다. 전국 방방곡곡을 누비며 다른 지역의 전통주를 연구하고 직접 빚으며 전통주 살리기에 매진해 왔다.

조정형 씨는 전통주를 복원하고 대중화시킨 대표적 주조 명인이다. 엄격한 유교 집안에서 자란 조 씨는 전북대 발효학과를 졸업하

이강주

고 삼학소주 실험실장으로 입사하면서 양조 인생을 시작한다. 이후 25년 동안 목포 삼학소주, 전주 오성소주, 이리 보배소주 등 양조 회사의 공장장으로 일하다가 1980년대 초부터 우리의 전통주 연구와 복원에 나선다.

회사와 집안의 반대도 무릅쓰고 전국의 토속주와 가양주, 도서관 등을 찾아다니며 전통주를 연구했다. 아예 직장을 그만두고 가산을 탕진해 가며 홀로 제주도로 내려가 그동안 채집한 전통주 비법으로 200여 가지의 술을 직접 빚기도 했다. 1989년에는 그간의 연구 결과를 모아《다시 찾아야 할 우리 술》을 발간했고,《우리 땅에서 익은 우리 술》도 펴냈다.

가문의 술로 내려오던 이강주도 수없이 많은 제조 실험을 거치며 품질을 향상시키고 표준화해 갔다. 그는 이강주로 1987년 전라북도 무형문화재가 되고 1990년에는 이강주 제조 면허를 취득했으며 1996년에는 국가 전통식품제조명인 제9호로 지정되었다.

이강주는 전통 소주를 빚은 다음, 배와 생강 등의 추출액을 더해 숙성하는 방법으로 완성한다. 먼저 밀 누룩과 멥쌀 고두밥, 물로 술을 담근다. 잘 발효시켜 거른 약주를 소줏고리에 넣어 소주를 내린다. 이 35도 소주에 배와 생강, 울금, 계피, 꿀(한봉꿀)을 넣어 1년 이상 숙성시킨 후 거른다.

이렇게 해서 완성되는 전주 이강주는 알코올 도수 19·25·38도 세 종류로 출시되고 있다. 전통적으로 이강주의 알코올 도수는 25도이나, 전통의 맛을 유지하면서 서구인들의 취향에 어울리는 맛과 향을 조화시킨 19도 이강주와 높은 도수를 선호하는 중국인들을 위한 38도 이강주를 출시함으로써 세계인이 함께 즐길 수 있도록 하고 있다.

이
강
주

39

친정엄마 대대로 물려 준
'왕의 술'

왕주

논산 여흥 민씨 가문

가양주를 비롯한 전통주는 이름도 다양한데, 주로 사용하는 재료에서 따온 것이 많다. 그리고 그 맛이나 빚는 방법에 따라 붙이기도 했다. 100일 동안 발효시킨다고 해서 별다른 이름 없이 그저 '백일주'라 부르기도 했다.

이런 경우와 다른 전통주도 있다. 민속주 '왕주'가 그중 하나다. 충남 논산에서 전통식품명인 남상란 씨가 빚고 있는 술이다. 왕주王酒는 이름 그대로 왕실에서 마시던 술, 궁중술이라는 의미다.

이 술은 명성황후의 친정인 여흥 민씨 집안에서 궁중의 술 빚는 법으로 빚어 왕실에 진상하던 술의 맥을 이어 오고 있다. 그리고 이

명성황후의 친정인 여흥 민씨 가문에서 빚던 가양주의 맥을 잇고 있는 왕주.

왕주는 조선 역대 왕들에게 올리는 제례 의식인 종묘대제의 제주로 지정되어 해마다 치르는 종묘대제 때 사용되고 있는 전통주이기도 하다. 왕주라는 이름이 어울리는 술이라 하겠다.

명성황후의 친정에서 대를 이어 빚다

남상란 명인의 왕주 빚기는 최소한 3대를 거슬러 올라간다. 남 씨는 친정어머니(도화희)에게서 배웠고, 친정어머니 역시 자신의 친정어머니(민재득)로부터 배웠다. 민재득은 명성황후의 친정 조카였다. 명성황후의 친정은 경기도 여주인데 이곳에서 가양주를 빚어 왕실에 진상하던 것을 남상란 씨가 논산으로 시집와서 재현한 것이다. 왕주는 이처럼 종부가 아니라, 민씨 가문의 딸들에 의해 지금까지 명맥이 이어져 오는 술이다.

남 씨는 1967년 21세 때 결혼했는데, 남편 이용훈 씨는 논산의 양조장 집 아들이었다. 어릴 때부터 친정어머니가 술 빚는 것을 보며 자란 남 씨는 이렇게 양조장 집 맏며느리로 들어와 술 빚는 삶을 살게 되었다.

"어렸을 때 가던 외갓집은 열두 개의 대문을 가진 대갓집이었는데, 광에 있는 술 단지에 술이 떨어지지 않았어요. 소, 돼지 다리와 함께 술 향기 가득한 술 단지에 대한 기억이 또렷합니다. 외숙모가 부엌에서 술을 짜 마셔 보라고 하기도 했지요."

친정집에도 술이 떨어질 날이 없었다.

"친정에서는 어머니가 수시로 술밥(고두밥)을 쪄 누룩과 섞어 술을 빚었습니다. 그래서 어머니 몰래 술밥으로 직접 술을 빚어 보기도 했습니다."

남 씨가 왕주를 본격적으로 빚기 시작한 것은 1980년대 후반부터다. 그 전에는 남편이 양조장을 운영했으며, 남편의 동생 삼 형제도 논산의 다른 지역에서 각기 양조장을 운영했다. 남 씨는 그 전까지는 집안 제사 때나 귀한 손님에게 내놓기 위해 가양주로 빚어 오다가 나중에 일반인에게도 선보이기 위해 왕주를 본격적으로 빚기 시작했고, 1991년부터는 왕주를 대량 생산하게 되었다. 왕주가 처음 출시되자 사람들이 양조장 앞에서 줄을 서서 기다릴 정도로 인기가 좋았다고 한다. 당시 토속주가 외면당하면서 막걸리와 동동주를 생산하던 시댁의 양조 사업이 위기를 맞게 되자 남 씨가 새로운 돌파구를 찾기 시작한 것이다.

왕주 만드는 방법

왕주의 주원료는 다른 전통주와 마찬가지로 찹쌀과 멥쌀, 누룩이다. 여기에 야생 국화(구절초), 구기자, 오미자, 솔잎, 산수유, 가시오가피, 매실, 홍삼 등을 가미한다.

남 씨는 각별한 향과 여러 가지 약재 덕분에 몸에 좋은 효능을 많이 지니고 있는 것이 왕주의 특징이라고 강조한다. 구절초는 두통을 낫게 하고 눈과 귀를 밝게 하며 몸이 마비되는 것을 방지하는 효과

왕주에 들어가는 재료들.
차례로 구기자, 솔잎, 구절초.

가 있고, 청혈 해독의 약리 작용도 있어 고혈압 방지에도 효능이 있다고 한다. 구기자는 독이 없고 뼈와 근육을 튼튼히 하며 피로 회복과 정력 증진에 특효가 있고 위장, 신장, 간장, 심장 등 주요 기관의 병을 치료하는 데 약효가 뛰어난 것으로 알려져 있다. 솔잎은 보혈, 강장, 진해 등의 기능이 있어 중풍, 동맥경화증, 당뇨병 등에 효과가 있다.

왕주를 빚을 때는 먼저 쌀로 고두밥을 쪄 뜨거울 때 누룩을 섞은 후 완전히 식힌다.

"뜨거울 때 누룩을 섞는 것은 잡균을 방지하기 위한 것입니다. 친정에서 배운 과정입니다."

이것을 술독에 넣고 물과 엿기름을 혼합해 그늘에서 발효시킨다. 다음은 덧술이다. 쌀로 고두밥을 찌고 누룩을 섞어 완전히 식힌 다음, 밑술과 함께 술독에 넣는다. 이때 야생 국화와 매실, 솔잎, 산수유, 구기자 등을 가루로 빻거나 절단해 첨가한다. 잘 섞은 후 참나무 숯과 말린 고추 몇 조각을 띄워 봉한다. 이렇게 해서 그늘에서 100일 정도 발효시킨 후 술을 걸러 완성한다.

왕주는 3번 정도 여과한다. 이렇게 몇 번 여과해야 맑은 술을 얻을 수 있기 때문이다. 지금은 대량 생산을 위해 숙성 탱크를 사용하지만, 옛날에는 50여 개의 항아리에서 왕주 익는 향기가 진동했다.

왕주를 만들 때 특별히 공을 들이는 부분은 누룩 개발이다. 왕주에 사용하는 누룩에는 매실이 들어간다. 매실은 누룩 특유의 쾌쾌한 냄새를 제거하는 데 효과가 있기 때문이다. 누룩을 누룩답게 하는 구수한 향기는 그대로 남는다. 배양 누룩와 매실 과즙 혼합물에 효모를 접종해 발효시키는데, 누룩 냄새가 90% 제거된다고 한다.

왕주를 1차 여과한 후에는 섭씨 영하 3~4도에서 72시간 동안 교반기로 돌린 후 다시 여과한다. 특유의 향과 맛을 유지하면서 깔끔한 맛을 내기 위해서다. 또한 저온 살균 처리 기법을 이용해 유통기한도 2년으로 늘렸다.

이렇게 완성한 왕주는 밝고 투명한 황금색을 띤다. 알코올 도수는 13도. 왕주만의 은은하고 절묘한 향과 부드러우면서도 혀끝을 감도는 감칠맛이 일품이다. 끈적끈적한 진기가 약간 있으면서도 뒤끝은 깨끗하다.

안주로는 우선 싱싱한 굴로 만든 굴전이 좋은 안주로 꼽힌다. 신선한 고기로 지져 낸 육전 역시 어울리는 안주다. 논산을 대표하는 탑정저수지의 민물고기 요리도 왕주와 함께 즐길 수 있는 안주로 꼽힌다. 그중에서도 붕어찜을 권하는 사람이 많다.

딸에게서 아들에게

왕주는 1997년에 중요 무형문화재 제56호인 종묘대제의 제주로 공식 지정되었다. 그전인 1980년대 중반부터 종묘대제 헌주로 제공됐는데, 1997년에 종묘대제 제수 봉행 전담자인 이형렬 씨(중요무형문화재)가 왕주를 제주로 지정한 것이다.

남 씨의 시댁이 전주 이씨 집안이란 점도 작용했다. 남 씨의 남편은 효령대군파 23대손으로 매년 종묘대제에 참석해 왔다. 1997년은

남 씨가 전통식품명인 제13호로 지정된 해이기도 하다. 왕주의 전통과 우수성을 인정받은 것이다. 왕주의 맥은 이제 그녀의 아들 삼형제가 함께 이어 가고 있다.

40

녹두장군도 기운 차리게 한 명약

죽력고

정읍 은진 송씨 가문

앞서, 전북 지역의 전통 명주로 이강주, 송순주, 송화백일주 등과 더불어 죽력고竹瀝膏가 유명하다고 했다. 죽력고란 '죽력을 사용하는 약소주'라는 의미이다. 죽력竹瀝은 대나무에서 채취한 진액을 말하는데 수액 같은 기름이다. 푸른 대나무 줄기를 숯불이나 장작불 기운에 쪼이면 흘러나온다. 죽즙竹汁, 담죽력淡竹瀝이라고도 한다.

죽력은 성질이 차고 독이 없어, 열담熱痰이나 번갈煩渴을 고치는 데 쓰였다. 한의학에서는 이 죽력을 이용한 죽력고를 빚을 때 생지황, 꿀, 계심, 석창포 등을 함께 사용해 특히 아이가 중풍으로 갑자기 말을 못할 때 구급약으로 사용한 것으로 전하고 있다.

죽력고가 널리 유명해지게 된 것은 '녹두장군'으로 불리던 전봉준 (1853~1895)과 관련된 이야기가 세간에 회자되면서부터였다. 매천梅泉 황현(1855~1910)이 쓴 《오하기문》梧下奇聞에 다음과 같은 요지의 내용 이 있다.

전봉준이 관원에게 사로잡혀 모진 고문을 당해 만신창이가 되었는데, 지 역 주민들이 이 사실을 알고 죽력고를 가져가 마시게 했다. 전봉준은 그 죽 력고 세 잔을 마시고는 몸이 나았으며, 수레 위에 꼿꼿하게 앉은 채로 서울 로 압송되었다.

이후 죽력고는 멍들고 병든 몸을 추스르는 데 특효인 명약주로 널 리 명성을 떨치게 되었다는 것이다. 맛은 달고 성질은 찬 죽력은 실 제 심경心經과 위경胃經에 작용하며, 열을 내리고 가래를 삭인다. 담痰 으로 인한 열로 기침할 때, 중풍으로 담이 성한 때, 경풍驚風, 파상풍 등에 사용했다. 그대로 먹거나, 졸여 엿처럼 만들어 먹거나, 환으로 만들어 먹기도 한다.

조선시대에 널리 쓰이던 죽력고

죽력고는 대나무가 많이 나는 전라도 지역 여러 곳에서 예부터 빚 어 왔겠지만, 지금은 태인 은진 송씨 가문 송명섭 씨의 태인양조장 에서 생산하는 죽력고가 유명하다.

죽 력 고

송명섭 씨(태인양조장)가 생산한
죽력고.

죽력고 빚기의 전통은 그의 외조부
까지 거슬러 올라간다. 정읍시 태인면
에서 한약방을 운영하던 외조부 은재
송(1864~1945)이 치료의 목적으로 치
료에 도움이 될 만한 비방을 모아 직
접 술을 빚어 치료 보조제로 사용하
면서부터다. 그리고 그의 딸 은계정
(1917~1988)이 송씨 가문으로 시집오
면서 태인양조장을 경영하던 남편과
함께 죽력고를 빚으며 그 전통을 이어
가게 되었다. 한때 남편이 중풍으로
쓰러졌을 때, 치료약으로 이 죽력고를
사용해 완치시키기도 했다.

송 씨는 어머니를 도우면서 몸으로
체득한 죽력고 제조법으로 현재 태인
양조장을 운영하며 막걸리와 죽력고
를 주조하고 있다. '죽력고는 약'이라
는 법 해석으로 인해 1999년이 되어
서야 술로 승인을 받고 일반 판매를
시작할 수 있었다고 한다. 송 씨는 또
이 죽력고로 2003년 전라북도 무형문
화재 제6-3호로 지정되고, 농림수산
부가 지정하는 대한민국 식품명인 제

48호로도 지정됐다.

송 씨는 "전통주는 어느 한 개인이나 가문의 전유물이 될 수 없으며 죽력고도 마찬가지"라고 강조한다. 죽력고는 옛날부터 곳곳에서 만들어 왔고, 자신은 그 전통을 잇게 된 사람일 뿐이라고 했다.

"제가 우암 송시열 선생의 27대 후손인데, 우암 선생이 죽력고를 드시고 '절미絶味하다', 즉 맛이 매우 뛰어나다는 표현을 하셨습니다. 또 전북 지역이 배경인 《춘향전》에도 상차림 중 죽력고가 등장합니다. 노랫가락 중 하나인 '의부가'에도 죽력고가 나오지요. 정약용 선생도 죽력고를 너무 많이 만들어 대나무가 부족하니 고관대작들더러 좀 자제하란 말을 남기셨습니다. 녹두장군 전봉준도 죽력고와 관련된 일화가 있고요. 즉, 죽력고는 이미 조선시대에 널리 퍼진 하나의 문화였습니다. 정치하시는 분도 드셨고, 노랫가락에도 있고, 소설에도 등장했던 그 술입니다. 지금도 아마 가양주로 죽력고를 빚는 집이 분명히 있을 겁니다."

죽력고 만드는 방법

죽력고를 빚기 위해서는 먼저 죽력을 뽑아내야 한다. 대밭에서 청죽을 잘라 와, 마디마디를 자르고 다시 여러 조각으로 쪼갠 뒤 항아리 안에 차곡차곡 채운다. 대나무를 담은 항아리는 땅에 묻은 단지 위에 거꾸로 엎고, 항아리 입구 사이를 물 먹인 한지로 메운 뒤 항아리 전체를 황토 진흙으로 발라 덮는다. 그리고 항아리 주변에 말

죽
력
고

린 콩대를 두르고 불을 지핀다. 왕겨도 함께 사용한다.

그러면 뜨거운 열로 인해 항아리 속에서는 대나무 수액이 빠져 나와 아래 항아리에 고이게 된다. 3~4일 걸리는 이런 과정을 통해, 보리차 색깔의 죽력을 추출한다.

증류 소주인 죽력고를 빚기 위해서는 소주의 원료 술인 기주起酒를 먼저 빚어야 한다. 기주는 통상적으로 빚는 전통주와 같다. 쌀로 고두밥을 쪄서 누룩과 물을 섞어 발효시키면 된다. 기주는 한 차례로 끝내기도 하고, 두세 차례 빚기도 한다. 거듭할수록 좋은 소주를 얻을 수 있다. 이렇게 빚은 기주는 3~5일간 숙성시킨 후 청주나 막걸리를 만들어 가마솥에 담아 안치고 불을 지펴 술을 끓인다. 이어 솥 위에 소줏고리를 얹는데, 이때 솔잎과 대나무 잎, 생강, 계피, 석창포 등을 죽력에 흠뻑 적셔서 소줏고리 안의 빈 공간에 가득 채운다. 그리고 소줏고리 위에는 냉각수 그릇을 올려놓는다. 솥과 소줏고리, 소줏고리와 냉각수 그릇 사이의 틈새는 밀가루 반죽으로 붙여 기화된 알코올이 새어 나오는 것을 막아 준다.

이렇게 하여 기주 양의 30% 정도 되는 죽력고를 얻게 된다. 알코올 도수는 30~35도, 태인양조장 죽력고는 알코올 도수가 32도이다.

옛 방식 그대로

《동국세시기》에는 호서죽력고湖西竹瀝膏라는 표현을 쓰고 있는데, 대나무와 연고가 있는 술인 죽력고는 호서 지방의 특산주로 유명했

대나무에서 추출된 죽력의 모습.

죽력 추출을 위해 청죽 조각을 항아리에 채우고 있는 송명섭 씨.
© 송명섭

죽력고의 재료인 죽력(가운데)과
(왼쪽부터 시계 방향으로) 생강, 댓잎, 석창포, 솔잎, 계피.

음을 알 수 있다. 그 제조법에 대해 《증보산림경제》에서는 "대나무의 명산지인 전라도에서 만든 것이 유명하다. 청죽靑竹을 쪼개 불에 구워 스며 나오는 진액과 꿀을 소주병에 넣고 중탕하여서 쓰는데 생강즙을 넣어도 좋다"라고 되어 있다.

옛날 방식 그대로 죽력고를 생산해 내고 있는 송명섭 명인은 "술에 약재를 직접 넣지 않고 맛과 향을 간접적으로 우러나게 하는 것이 특징"이라며 "약주로도 알려진 죽력고의 고膏는 최고급 약소주에 붙이는 명칭"이라고 말했다.

41

주지스님에게서 내림한
천 년의 술

송화백일주

모악산 수왕사

불교 계율 중 가장 근본이 되는 다섯 가지를 오계五戒라고 한다. 이 오계는 처음 출가해 승려가 된 사미沙彌와 재가在家의 신도들이 지켜야 할 것이라 하여 사미오계沙彌五戒, 신도오계信徒五戒 등으로 부르고 있으며, 불교의 모든 계율에 반드시 포함되어 있다.

오계의 내용은 •생명을 죽이지 말라不殺生 •도둑질하지 말라不偸盜 •사음하지 말라不邪淫 •거짓말을 하지 말라不妄語 •술을 마시지 말라不飲酒는 것이다.

우리나라와 중국에서는 이 오계를 유교의 오상五常과 대비하기도 했다. 특히 억불 정책이 시행되던 조선시대 초기에는 이 오계와 유교의 윤리 덕목인 오상이 서로 위배되는 것이 아닐 뿐만 아니라, 사람들이 오계를 잘 지키면 유교의 이상인 덕치 국가도 실현될 수 있다고 보았다. 오상인 인仁 · 의義 · 예禮 · 지智 · 신信의 순서에 맞추어서 불살생 · 불투도 · 불사음 · 불음주 · 불망어의 순으로 오계를 맞춘 것이다.

이 오계는 불교도이면 누구나 지켜야 하는 가장 기본적인 실천 윤리이므로 승려들은 오계를 지키는 것이 도리였다. 하지만 승려들도 '모든 약 중에서 제일가는 것'이라는 의미의 백약지장百藥之長으로 불리는 술을 치료약으로 먹어야 할 경우가 있다. 승려들은 이럴 때 술을 곡차穀茶라고 부르며 마셨다. 승려 사회에서도 간혹 필요에 따라 이런 곡차를 빚어 마셨는데, 그중 하나가 완주 모악산 수왕사의 송화백일주松花百日酒다.

석씨 가문 천 년 역사의 술

많은 고승과 도인을 배출한 호남의 명산 모악산의 정상 아래 자리한 수왕사水王寺는 '물왕이 절'로도 불린다. 수왕水王은 '물의 왕'이니, 물에 대한 최고의 찬사다. 수왕사 설천에서 나는 물은 수왕사의 최고 자랑거리이기도 하다.

이 좋은 물을 사용해 빚어 온 술이 바로 수왕사 주지들에게 대물림해 내려온 송화백일주다.

곡차는 선승들에게 필요한 약이 되기도 했다. 얼음장 같은 산중

송화백일주에 들어가는 재료들.
© 조의주

재료가 한데 섞인 모습.

발효 중인 송화백일주 원료주.

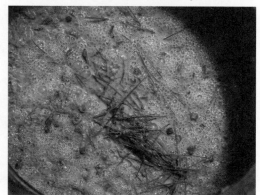

송화백일주 양조 전수자인
벽암 스님이 수왕사에서
송화백일주를 증류하고 있다.

냉골마루나 바위에 앉아 수행을 하다 보면 몸에 병이 찾아든다. 고산병, 위장병, 냉병, 영양 결핍 등을 막고 치료하기 위해 곡차를 마셔 왔다. 술은 절에서 금기지만 한편으로 수행을 위한 방편이 되기도 했던 것이다.

현재 수왕사 주지, 벽암 스님이 빚으며 그 맥을 잇고 있는 송화백일주도 그런 곡차였다. 송화백일주의 역사가 천 년 이전부터 시작됐다고 하니, '석씨(석가모니) 가문'의 대표적인 술이라 할 수 있을 것이다.

신라 진덕여왕(재위 647~654) 때 부설거사 도반 승려인 영희와 영조가 함께 수왕사에서 수행하다가 헤어지면서 회포를 달래기 위해 송화곡차를 마셨다는 이야기가 전한다.

또 조선시대 명승 진묵대사(1562~1633)가 수왕사에서 참선 수행을 하면서 기압 때문에 발생하는 고산병과 혈액순환 장애 등을 치유하고 예방하기 위해 수왕사 주변의 약초와 꽃을 재료로 곡차를 빚어 일주일에 서너 모금씩 선식으로 마셨다는 기록이 수왕사 사지에 전한다.

송화백일주와 유사한 송화주에 대한 기록들은 장계향의 《음식디미방》, 최한기의 《농정회요》, 서유구의 《임원십육지》 등에도 나와 있다.

"곡차면 마시고 술이면 마시지 않겠다"

송화백일주는 통밀로 만든 누룩과 고두밥에 오곡(보리, 콩, 조, 수수, 팥)과 솔잎, 댓잎을 넣어 발효시켜 발효주를 만든 후, 이 술을 증류해 만든다. 20일 동안 발효와 숙성을 거친 알코올 도수 16도 황금색 발효주는 '송죽 오곡주'라는 이름으로 시중에 선보이고 있다.

송화백일주는 이 발효주를 증류하고 숙성시켜 완성한다. 증류한 술에 송홧가루와 산수유, 오미자, 구기자, 국화, 당귀 등을 넣고 100일 동안 저온 숙성한 후 다시 여과 과정을 거쳐 알코올 도수 38도의 송화백일주를 완성한다.

송홧가루가 들어가는 송화백일주는 오래 두고 먹을수록 깊은 맛이 우러난다. 3년 정도 숙성했을 때 맛과 향에서 가장 원숙한 상태가 된다고 한다. 술은 투명한 노란빛이다. 첫 맛은 쌉쌀하고 뒷맛은 달콤하다. 송화와 솔잎 향이 나는 것은 물론이다. 정말 몸에 좋을 것 같은 기운이 느껴지는 술이다.

수왕사에는 진묵대사를 모시는 조사전이 있다. 수왕사에서는 송화백일주를 빚어 진묵대사의 기일(음력 10월 28일) 제사상에 올린다. 정유재란 때 불탄 수왕사를 중창한 진묵대사는 '작은 부처'라 불린 고승으로, 술을 매우 좋아하기도 했다. 호남에는 그의 기행과 이적에 관한 설화도 많이 남아 있다. 진묵대사는 '곡차'라 하면 마시고, '술'이라 하면 마시지 않았다고 한다. 그의 면모를 읽을 수 있는, 호탕하기 그지없는 시 한 수를 소개한다.

하늘은 이불로, 땅은 방석으로, 산을 배개 삼아 누우니 天衾地席山爲枕

달은 촛불이요, 구름은 병풍이며, 바다는 술동이로다 月燭雲屛海作樽

마음껏 취해 거연히 일어나 춤을 추니 大醉居然仍起舞

긴 소매가 곤륜산에 걸릴까 걱정이네 却嫌長袖掛崑崙

술도가를 차린 스님

열두 살에 출가해 열일곱 살 때부터 수왕사에 머물면서 술을 빚어
온 벽암 스님은 1992년 수왕사에서 멀지 않은 모악산 아래인 완주
군 구이면 계곡리에 아예 술도가(송화양조)를 차렸다. 송화백일주의
맥을 제대로 잇기 위해서다. 진묵대사의 제조법을 잇고 있는 송화
백일주는 그 전통과 가치를 인정받아, 1994년에는 송화백일주 양조
전수자인 벽암 스님이 대한민국 식품명인 제1호로 지정되기도 했
다. 1998년 민속주품평회 대통령상을 받았고, 2007년에는 대통령의
설 명절 선물로 선정됐다.

"송화백일주는 이름 그대로 소나무꽃을 주원료로 담근 후 100일
동안 소나무 밑에 묻어 둔 보약입니다. 그리고 제가 빚는 이 술은
350여 년 전부터 수왕사에서 빚어 왔고, 제가 12대 전수자로 그 주
조 비법을 잇고 있습니다. 좋은 송홧가루와 솔잎 채취가 중요한데
그 포인트는 채취 시기입니다. 솔잎은 산꼭대기 소나무에서 한 번
수분이 빠진 늦가을에 따고, 송화는 꽃이 완전히 피기 직전에 따야
하지요. 그리고 잘 마른 송홧가루는 수분이 들어가지 않도록 특별히

밀봉해 보관해야 합니다."

송화백일주에는 과일이나 횟감이 안주로 제격이라고 한다. 송화 백일주의 명맥은 벽암 스님의 속가 아들이자 그 전수자인 조의주 씨가 잇고 있다.

오크통에 숙성시키는 우리 술

안동 안동소주

안동 종가들의 대표 가양주

안동소주安東燒酎는 경상북도 안동에서 전승되어 온 증류식 소주다. 재료는 멥쌀과 누룩, 물이다. 멥쌀을 찐 고두밥에 누룩과 물을 섞어 발효시킨 전술(물을 조금도 타지 아니한 순수한 술)을 만든 후, 이 전술을 솥에 넣고 소줏고리와 냉각기를 솥 위에 얹은 뒤 불을 지펴서 열을 가하면, 전술이 증발하면서 냉각기에 닿아 액체로 변해 소줏고리 관을 타고 떨어진다.

물론 이런 방식으로 만들어지는 전통 소주가 안동소주뿐만은 아

안동 술치레

니다. 안동에서 특히 소주 제조법이 발달한 것은 원나라의 한반도 진출과 밀접한 관련이 있는 것으로 보인다. 고려 때인 13세기에 원나라가 한반도에 진출했는데, 당시 일본 원정을 위한 원나라의 병참 기지가 있던 안동과 개성 등을 중심으로 소주가 유행했던 것으로 추정된다.

안동소주를 비롯한 소주는 고려시대 권문세가 사이에 유행하기 시작했다. 민간요법으로 배앓이 때 마시거나 독충에 물린 데 바르는 등 약용으로 사용되기도 했다. 고려 말기에 경상도 원수를 지낸 김진金鎭이 소주를 즐겨 소주도燒酒徒라는 별명을 얻었다는 기록이 있고, 이수광의 《지봉유설》에는 사대부들이 호사스러워져서 소주를 많이 마셔 취한 뒤에야 그만 마셨다는 내용도 있다.

안동소주의 기원을 신라시대부터라고 보기도 한다. 증류 기술은 아랍 지역의 연금술사들이 발명했고, 당시 신라는 아랍과 활발한 중계 무역을 벌여 왔다. 이때 페르시아 유리잔과 함께 증류주 제조법이 전래된 것으로 보고 있다. 또한 당시 당나라도 증류식 술을 마셨으니 증류식 술은 신라시대부터 마시기 시작했다고 보는 것이다.

이 증류식 소주는 안동의 종가를 비롯한 여러 민가에서 가양주로 전승되어 왔으나 일제강점기에 일제가 주세법(1909년)과 주세령(1916년)을 공포해, 허가받지 않은 사람은 술을 빚지 못하게 하면서 가양주 전승이 단절될 위기에 처했다. 당시 참사를 지낸 권태연이 1920년에 안동시 남문동에 공장을 세우고 '제비원 소주'를 만들어 술을 팔기 시작했다. 이 제비원 소주는 전통 가양주 안동소주와는 조금 다른 방법으로 제조되었다. 이 제비원 소주는 한때 우리나

안동소주

라 전국은 물론 일본과 만주에까지 판매되면서 명성을 떨쳤다.

해방 후에도 술 빚는 일과 쌀 사용 금지 정책이 시행되면서 안동 소주는 몇몇 집안에서 제주나 손님 접대용 등으로 몰래 빚어 오면서 겨우 명맥이 유지되었다. 그러다 민속주 제조가 허가되기 시작하면서 다시 빛을 보게 되었다. 박재서(대한민국 식품명인 제6호) '명인 안동소주'와 조옥화(경상북도 무형문화재 제12호, 대한민국 식품명인 제20호) '민속주 안동소주' 두 가문이 그 대표적인 예다.

반남 박씨 가문의 '명인 안동소주'

'명인 안동소주'는 안동의 반남 박씨 가문에서 대대로 전수해 온 가양주의 맥을 잇는 소주다. 명인 안동소주는 박재서 명인의 15대 조 은곡隱谷 박진(1477~1566)에서 비롯한다. 유학자인 박진은 말년에 안동부 동쪽 광산촌에 은거하면서 초당을 짓고 후진을 가르치며 살았는데, 이때 부인 안동 권 씨가 빚은 소주로 풍류를 즐겼다고 한다. 이후부터 박씨 가문의 가양주로 전해 내려온 것이다.

특히 박 명인의 조모 남양 홍 씨의 안동소주 양조 비법이 특히 뛰어나 인근 동리에 명성이 자자했으며, 이는 며느리인 영월 신 씨에게 전수되었다. 박 명인은 어려서부터 소주 제조에 관심이 많아 조모와 모친에게서 그 제조 비법을 이어받아 안동소주를 빚어 왔다. 성인이 된 후, 1960년대 초까지 소주 제조로 명성이 자자했던 '제비원 소주'의 제조 명장 장동섭 씨에게서 양조 비법을 배워 그 장점을 가문의 전통 비법에 가미해 소주를 빚기 시작했다. 전술을 청주로 걸러 사용하고, 일정 기간 숙성을 시키는 것 등을 통해 소주 특유의 누룩 향과 탄내를 최소화한 것이다. 이는 안동소주의 대중화와 고급화를 위해서였다. 1992년에는 안동소주 제조 면허 인가를 받아 법인을 설립해 안동소주를 생산·판매하기 시작했으며 1995년에 대한민국 식품명인으로 지정됐다.

명인 안동소주는 3단 사입 방식을 거쳐 전술을 완성한다. 멥쌀 고두밥과 누룩, 물로 밑술을 담가 4~5일 발효한 후 다시 여섯 배 정도의 같은 재료를 섞어 추가한 후 4일 발효시키고, 또다시 그 배의 재료를 더 섞어 15~20일간 발효시킨다. 이렇게 잘 발효된 전술을 청주로 만들어 증류해 소주를 내린 후 최소 100일 이상 숙성시킨다. 누룩은 쌀 누룩(70%)과 밀 누룩(30%)을 만들어 쓴다. 명인 안동소주는 처음에는 알코올 도수 45도와 35도 두 종류를 생산했으나 지금은 22도와 19도 소주도 함께 생산하고 있다.

박재서 명인의 '명인 안동소주'.

명인 안동소주는 세계적인 위스키 생산을 위해 2015년부터 오크통 숙성을 시작했다.

한편 명인 안동소주는 세계적 위스키 생산을 목표로 2015년 오크통 20리터짜리 80통을 수입해 안동소주 숙성을 시작했다. 박 명인은 안동소주가 어떤 위스키보다도 좋은 술로 세계인의 사랑을 받으리라고 확신하고 있다. 그는 덧붙였다.

"전통 소주 활성화는 우리 소주의 우수성을 널리 알리고 국내 농산물 소비를 촉진시키며 고용을 늘리는 등 많은 이로움이 있는 만큼 정부가 적극적인 관심을 가지고 생산과 유통을 위해 지원할 필요가 있습니다."

현재 명인 안동소주는 박찬관 대표가 그 전수자로서 맥을 잇고 있다.

안동 김씨 가문의 '민속주 안동소주'

조옥화 명인의 '민속주 안동소주'는 조 명인이 어릴 적에 친정어머니가 애주가였던 아버지를 위해 안동소주를 빚던 것을 보면서 배운 것에다 시집온 안동 김씨 가문에서 빚던 안동소주 방법을 가미해 빚어 온 결과다. 그러다 1987년 경상북도 무형문화재 제12호로 지정되었고 1990년 9월 안동소주 제조 면허를 취득하면서 안동소주를 만들어 판매하기 시작했다. 2000년에는 대한민국 식품명인 제20호로 지정됐다.

처음에는 안동시 신안동 시댁에서 만들어 팔았는데, 인기가 좋아 집 앞에 사람들이 길게 줄을 설 정도였다. 1993년에는 현재의 위치

(안동시 수상동)에 새로 양조장을 개설해 더 본격적으로 안동소주를 생산했다.

민속주 안동소주는 밀 누룩과 멥쌀 고두밥, 물이 원료다. 고두밥과 빻은 누룩을 섞으면서 물을 부어 전술을 담근다. 비율은 누룩 1, 고두밥 3, 물 2의 비율로 한다. 15일 정도 발효시키고 나면 감칠맛 나는 전술이 완성된다. 이 전술을 솥에 담고 그 위에 소줏고리와 냉각기를 얹어 김이 새지 않게 틈을 막은 후 열을 가하면, 전술이 증발하면서 냉각기의 차가운 물에 의해 냉각되어 소줏고리 관을 통해 흘러내려 소주가 모아진다. 처음에는 매우 높은 도수의 소주가 나오다가 차차 낮아지는데, 가장 좋은 향과 맛이 나는 45도 소주로 마무리한다.

민속주 안동소주는 45도 소주만 생산한다. 제조법은 조 명인의 아들 김연박 씨와 며느리 배경화 씨가 전수자로서 이어받아, 민속주 안동소주를 생산하고 있다. 배경화 씨는 안동소주를 주제로 석사 학위와 박사 학위까지 받았다.

조옥화 명인의 '민속주 안동소주'.

안동
술치
레

조옥화 명인(가운데)이 전수자인 아들 부부와 함께 안동소주 전술을 빚기 위해
고두밥을 준비하고 있다.

옛 사람들의 결혼 100일주

멀쩡한 사람도 주저앉힌다는 술

조선시대 때 일이다. 과거 보러 한양으로 가던 한 선비가 충청도 한산 지역을 지나다가 목도 축이고 요기도 할 겸 주막을 들렀다. 술을 한 잔 시켜 마셨는데 술맛이 달싹하며 매우 좋았다. 그래서 한 잔씩 몇 잔 더 시켜 마신 뒤 일어서려고 했다. 그런데 일어서려다 바로 자빠졌다. 그러기를 반복하다 일어서기를 포기하고 아예 술을 쭉 더 마셔 버렸다. 결국 과거 시험장에도 가지 못하고 말았다. 이 선비가 마신 술이 소곡주였다.

이런 이야기도 전한다. 한산 지역에는 옛날부터 소곡주를 많이 담았는데, 어느 집 며느리가 술맛을 보느라고 젓가락으로 자꾸 찍어먹다가 자신도 모르게 취하여 일어서지도 못하고 앉은뱅이처럼 엉금엉금 기어 다녀야 했다는 것이다. 그래서 한산소곡주는 '앉은뱅이술'로도 불렸다.

한산소곡주의 역사는 더 거슬러 올라가기도 한다. 백제가 멸망한 후 그 유민들이 주류성에서 나라 잃은 슬픔을 달래기 위해 소곡주를 빚어 마셨다는 이야기도 전한다. 또 삼국사기에 백제 무왕이 635년 백마강 고란사 부근에서 조정 신하들과 소곡주를 마셨다는 기록이 있고, 마의태자가 개골산에 들어가 나라를 잃은 설움을 술로 풀었는데 그 맛이 소곡주와 같았다는 이야기도 전하고 있는 것을 보면 삼국시대부터 소곡주가 명성을 얻었던 것으로 보인다.

소곡주는 '누룩을 적게 사용해 빚은 술'이라는 의미를 지녔는데, 소국주小麴酒라고도 불린다. 소곡주에 대한 기록은 《동국세시기》, 《음식디미방》, 《규곤요람》, 《규합총서》, 《역주방문》, 《양주방》 등 조선시대의 여러 문헌에 등장한다.

어머니가 딸에게, 시어머니가 며느리에게 전수한 솜씨

이런 한산소곡주의 전통을 오롯이 잇고 있는 사람이 서천군 한산면 지현리의 나주 나씨 가문 며느리 우희열 식품명인이다. 우 명인은 현재 아들인 나장연 부부와 함께 한산소곡주를 빚으며 전통 명

주의 역사를 이어가고 있다.

1999년 12월 국가지정 식품명인 19호로 지정된 우희열 명인의 소곡주 빚기는 한산면 호암리 김해 김씨 가문의 소곡주 전통을 계승하고 있다. 부여가 고향인 우희열 명인은 한산 나주 나씨 가문으로 시집온 뒤 시어머니(김영신)에게서 소곡주 빚는 법을 배웠다. 시어머니는 특히 소곡주 빚는 솜씨가 뛰어나서 한산면은 물론이고 서천군 일대에서 잔치가 있는 집이면 언제나 불려가 소곡주를 빚을 정도였다.

김영신은 한산면 호암리 김해 김씨 가문의 딸로, 열세 살 때부터 집에서 소곡주 빚는 법을 어머니에게서 배웠다. 그리고 어머니는 자신의 시어머니에게서 가양주인 소곡주 빚는 법을 전수받은 것이다. 김영신이 어릴 때 김해 김씨 가문은 부자였고, 그래서 소곡주를 빚어 제주로도 쓰고 손님들에게 접대도 했다. 당시 쌀로 빚는 소곡주를 가양주로 빚는 것은 넉넉한 집안이 아니면 어려웠다. 당시 100호가 넘던 호암리 마을에 소곡주를 빚는 집은 두 집 정도였다고 한다. 호암리는 김해 김씨 집성촌이었다.

김영신은 서천의 나주 나씨 가문 사람과 결혼을 하는데, 결혼 후 남편이 부인 고향인 한산으로 와서 살게 되고, 김영신은 김해 김씨 가문의 가양주 전통을 이어 소곡주를 빚었다. 김영신의 소곡주는 1979년 충청남도 무형문화재 제3호로 지정되었고, 1997년에 작고하면서 며느리인 우희열 명인이 그 자격을 승계받았다.

"시어머니는 친정어머니에게서 소곡주 빚는 법을 배웠는데, 일제 강점기를 비롯해 한동안은 술 만드는 것을 금지했기 때문에 술 단지를 이리저리 숨기면서 몰래 만들었다고 합니다. 그렇게 만든 소곡주는 제사상에 올렸지요. 시집와서 보니 어머님이 추수가 끝나면 항상 소곡주를 빚으셨는데, 저도 자연스럽게 배우게 되었습니다."

한산소곡주 만드는 방법

김영신은 가양주로 빚어 오다 1990년 4월 소곡주 제조 면허를 얻어 '한산소곡주'라는 명칭으로 본격적으로 소곡주를 생산해 세상에 선보이기 시작했다. 김영신이 작고한 후 우희열 명인이 아들과 함께 술을 빚어 출시하고 있다.

이 한산소곡주는 멥쌀가루로 무리떡(백설기)를 쪄서 누룩과 섞어 밑술을 담는 전통 방식을 사용하고 있다. 누룩은 통밀을 물에 담갔다가 잘게 부수고 틀에 부어 성형을 한 뒤 한 달 정도 배양해 완성한다.

무리떡에 누룩즙을 적당히 섞어 4~5일 정도 발효시키면 밑술이 된다. 이 밑술에 찹쌀로 고두밥을 쪄서 섞어 덧술을 만든 후 여기에다 메주콩, 엿기름, 들국화, 붉은 고추 등 소곡주의 맛과 향을 내는 첨가물을 넣는다. 붉은 고추는 잡귀를 물리치고 부정을 방지하는 주술적 의미도 있다.

이 덧술은 저온에서 100일 정도 숙성시킨다. 옛날에는 땅속에 술독을 묻고 지나친 온도 상승을 억제하기 위해서 동쪽으로 뻗은 버드나무 가지로 만든 막대기로 자주 저어 주었다고 한다.

이렇게 덧술이 잘 익은 뒤 용수를 박아 맑은 술을 걸러내면 18도의 한산소곡주가 된다. 물을 타지 않고 원주 그대로 상품화하고 있어 도수가 높다. 약간 짙은 노란 빛깔의 한산소곡주는 맛이 달며 깊고 부드럽다. 또한 다른 전통 약주에 비해 술의 점도가 매우 높은 편이다. 맛이 좋아 술을 좋아하지 않는 사람도 마시기가 쉽지만, 알코올 도수가 높아 마시다 보면 자신도 모르게 취하게 된다. 한편 약주인 소곡주를 증류해 43도짜리 소주로도 만들어 출시하고 있다. 이 증류주는 '불소곡주'라 불린다.

한산소곡주의 물은 반드시 한산 지역의 물을 쓴다. 한산 건지산 자락의 맑은 지하수는 염분이 전혀 없고 철분이 약간 함유되어 있어 소곡주 담그기에는 최적의 물이기 때문이다.

10월 10일은 한산소곡주의 날

한때 명맥이 끊어질 위기에 처했던 한산소곡주가 지금은 한산을 대표하는 명물이 되고 있다. 한산의 한산시장 일원에서는 2015년 10월 30일부터 사흘간 '백 일간의 정성, 천오백 년의 맛과 향'이라는 주제로 '제1회 한산소곡주 축제'가 열렸다. 서천군이 주최한 축제장의 '소곡주 카페'에서는 한산면 12개 마을에서 준비한 소곡주 40여 가지를 선보였고, 안주 경연 대회와 2년 이상 된 불소곡주를 놓고 벌이는 소곡주 경매도 열렸다. 이 축제에는 관광객 12만여 명이 다녀갔다.

소곡주

한산소곡주 전수자인 나장연 씨가 직접 만든
누룩.

　서천군 한산소곡주축제추진위원회는 이에 앞서 10월 8일 한산면
무형문화재복합전수관에서 서천군수를 비롯해 소곡주 생산 주민 등
100여 명이 참석한 가운데 '10월 10일, 한산소곡주의 날' 선포 및
제막식 행사를 열었다. '한산소곡주의 날'은 한산소곡주의 숙성 기
간이 100일인 점과 우리 조상들이 결혼 100일을 맞아 합환주로 소
곡주를 나눴던 의미를 담아, 월과 일의 수의 곱이 100이 되는 이날,
10월 10일로 정한 것이라고 한다.

　한산소곡주를 비롯한 우리 전통주는 경제적으로 살기가 좋아질수
록 더욱 빛을 발할 것이다. 하지만 아직까지는 전통주의 맥을 이어
가고 있는 사람들 대부분이 어려움을 겪고 있다. 중앙 정부나 지자

체 등이 건배주나 선물 등으로 전통주를 더 많이 사용할 필요가 있다. 제도적 지원 등이 필요한 경우도 적지 않다. 이런 지원을 통해 겨우 명맥을 이어 가고 있는 다양한 전통주가 단절되지 않고 자리잡을 수 있도록 하는 일이 중요하다. 전통주에 대한 일반인의 관심과 사랑도 더 커지면 좋을 것이다.

소곡주

500년 전통 명문가의
집밥 · 집술 이야기

요리하는 선비
술 빚는 사대부

| 초판 1쇄 발행_ 2016년 7월 27일

| 지은이_ 김봉규

| 펴낸이_ 오세룡

| 기획 · 편집_ 이연희, 박성화, 손미숙, 박혜진, 최은영, 김수정

| 디자인_ 박지영, 고혜정, 김효선, 정희숙

| 홍보 · 마케팅_ 문성빈

| 펴낸 곳_ 담앤북스

　　　　서울특별시 종로구 사직로8길 34 (내수동) 경희궁의 아침 3단지 926호

　　　　대표전화 02) 765-1251　전송 02) 764-1251　전자우편 damnbooks@hanmail.net

　　　　출판등록 제300-2011-115호

| ISBN 979-11-87362-18-0 (03900)

이 도서의 국립중앙도서관 출판예정도서목록(CIP)은 서지정보유통지원시스템 홈페이지(http://seoji.nl.go.kr)와
국가자료공동목록시스템(http://www.nl.go.kr/kolisnet)에서 이용하실 수 있습니다.
(CIP제어번호: CIP2016017664)

정가 17,000원